Légende de Montfort-la-Cane

E. Leroux   A. Michelet   J. Crété
éditeur   graveur   imprimeur

Légende de Montfort-la-Cane

racontée par le Bon LUD. DE VAUX et dessinée par

Paul Chardin

PARIS
E. Leroux · Ed·
MDCCCLXXXVI

vant-propos

AVANT-PROPOS

Ceux qui connaissent Montfort-la-Cane et Saint-Gilles-des-Bois savent qu'on y trouve en abondance des fourrages et des blés superbes, ainsi que des vergers dont les fruits sont plus nombreux et plus savoureux qu'en aucun lieu du monde. « On y a le beurre pour le prix du lait, la poule pour le prix de l'œuf, la toile pour le prix du lin encore vert. » Aussi dans les fermes mange-t-on du porc salé plusieurs fois dans la semaine, et les bergers eux-mêmes ont-ils à leur repas du pain de méteil tant qu'ils en veulent. « Pour ce qui est des filles à marier, elles y sont toutes plus vertueuses et plus ménagères les unes que les autres... à ce que disent leurs parents. »

Dans le récit que je vais vous faire, chères gens, il n'est question :
ni des tours joués aux humains par *l'ange qui porte une queue*, ni
des *lavandières de nuit* [1], ni des *fées des eaux*, ni des *follets* malins
ou des *teuz* bienveillants. Il s'agit d'une chose plus rare, d'une
pennérèz [2] belle comme le jour, douce comme le miel, bonne et
fidèle comme pas une, d'une fiancée enfin telle qu'on vous la
souhaiterait pour vos étrennes.

Si je n'ai pas comme les tailleurs, sauf votre respect, « l'oreille
longue, l'œil nuit et jour ouvert et la langue aiguë [3] », du moins
ma mémoire est-elle fidèle, et je veux essayer de faire reluire à
vos yeux un rayon du passé, en soulevant, pour un moment, le voile
du temps, afin de vous apprendre une des histoires sans nombre
qu'il recouvre.

Chapitre I.

CHAPITRE PREMIER

OÙ L'ON VERRA LE PÈRE DE NICOLE
PEU D'ACCORD AVEC SA FILLE.

Mais enfin, mon père, pourquoi ne voulez-vous pas consentir à mon mariage ? Qu'a donc fait mon fiancé ? Que lui reprochez-vous ?

— Ce qu'il a fait ? Vous me demandez ce qu'il a fait ? Mais rien du tout, et c'est précisément pour cela que je ne veux pas qu'il vous épouse. Si Alain avait couru le monde, s'il s'était distingué en quelque chose, ce serait différent : mais point. Il croit vous avoir méritée parce qu'il est votre fiancé, et cela ne me suffit pas. En vérité, il n'est pas honnête pour une pennérèz de passer tout son temps à causer derrière le pignon avec un jeune homme sans fortune, quand tant d'autres ne demanderaient qu'à lui donner l'anneau d'argent !

— Vous êtes dur pour moi, mon père, et cela n'est pas bien, car Alain est un brave garçon qui.....

— Par ma foi ! j'aimerais mieux vous savoir au fond de l'eau que vous voir la femme de ce brave garçon, comme vous l'appelez. Si nous sommes à notre aise, c'est à notre travail que nous le devons, sans que personne puisse nous accuser d'avoir vendu au diable la poule noire[1]. Non, mille fois non, il ne sera pas dit que la fille du père Corhégat a épousé un homme dont toute la fortune tiendrait dans la sacoche d'un *korrigan*[2]!

— Qu'est-ce que cela fait donc de ne pas être riche, quand on se porte bien, et que le bon Dieu lui-même peut lire dans le fond de nos cœurs?

— A quoi sert la richesse? Mais, malheureuse, voilà que vous faites fi de ce que le Ciel nous donne! Que saint Nicolas nous vienne en aide! Il ne nous manquait plus que cela! Je vous défends, entendez-vous, de me parler d'Alain. S'il ose encore se présenter ici, j'irai moi-même trouver le *Recteur*[3], je lui raconterai tout ce que je sais, et il vous mettra à coup sûr dans son monitoire du Dimanche.

— Sainte Marie ! vous n'oseriez pas...

— Aussi vrai qu'il est grand jour, je le ferais. D'ailleurs, en voilà assez. Allez travailler, s'il vous plaît, car en vérité, depuis que vous avez votre mariage en tête, vous laissez tout en l'air dans la maison, et vos deux bras ne valent pas les cinq doigts d'un manchot. »

Ainsi parlait Pierre Corhégat à sa fille Nicole, beauté merveilleuse, sur laquelle dix-sept printemps semblaient n'avoir passé que pour secouer leurs fleurs les plus belles et les plus suaves. Ses superbes cheveux noirs encadraient délicieusement son charmant visage ; ses yeux étaient clairs comme l'eau de roche et ses dents blanches comme des perles fines. Elle portait un corset brodé, avec un velours orné d'argent, cinq jupes étagées[1] et des souliers si petits que le roi eût donné gros pour voir les pieds

qui les chaussaient. Mais le roi était loin et avait beaucoup à faire, ce qui fut cause qu'il ne les vit jamais.

Comme tête bretonne ne varie pas aisément, l'enfant sortit sans répliquer.

Pierre Corhégat avait épousé Annaïk Kirdrec lorsqu'il entrait dans sa vingtième année. Ce fut seulement après dix-neuf ans de mariage que Nicole vint au monde à Saint-Gilles-des-Bois, leur paroisse, quelques semaines après la naissance d'Alain Békouarn.

Une grande intimité existait entre les deux familles ; aussi, d'un commun accord, les enfants furent-ils fiancés dès leur bas âge, et, selon la coutume, couchés dans le même berceau. Aux jours de fête, on les plaçait à table comme des nouveaux mariés ; les parents riaient en les regardant s'embrasser, et il était bien certain aux yeux de tous qu'on les destinait l'un à l'autre. Peu à peu, en grandissant, ils avaient appris à se mieux connaître et à s'aimer davantage ; certes, ils auraient pu être heureux, si les amoureux ne ressemblaient pas à la mer qui se plaint sans cesse. Et puis, Nicole ne se désolait pas sans motif, car presque tous les jours la même scène se reproduisait entre son père et elle.

Ce n'était pas que Pierre Corhégat fût un mauvais homme. Oh ! non ! Sous des dehors rudes, il cachait un cœur excellent, et, malgré ses manières bourrues, malgré son obstination féroce, il était parfaitement bon. Toutefois, ni les instances de sa femme, ni les remontrances de ses amis n'avaient pu le faire varier au sujet d'Alain Békouarn. Dès qu'on insistait, il s'emportait ou décampait sans mot dire.

— « Vous n'êtes pourtant pas raisonnable, Pierre, reprit doucement Annaïk, après le départ de Nicole, car elle savait bien « que ce n'est pas en faisant claquer le fouet qu'on ramène un cheval échappé. » Puisque ces enfants sont fiancés et en âge de se marier, puisqu'Alain est un digne garçon et que rien ne s'oppose à cette union, pourquoi vous entêter dans un refus incompréhensible? Croyez-moi : il ne faut jamais pousser les jeunes gens au désespoir !

— Hum ! hum ! « le cœur des garçons est comme un brin de paille suspendu aux buissons, et la beauté des filles comme le vent qui les emporte à sa suite. » M'est avis que ceux qui commencent à aimer ressemblent à ceux qui vont se noyer : l'amour monte, comme l'eau, et finit par leur dépasser la tête...

— Toujours est-il que notre fille est jolie, et personne ne peut dire qu'elle est une *méchante cheville*[1] qui conduira son mari comme un cheval bridé. Consentez donc à cette union, je vous en prie. Quand on se fait vieux, il faut être bon, sans quoi l'on est malheureux, « car il ne reste aux vieillards que le bonheur des autres. »

— Ah ! ça, me voulez-vous prendre pour un innocent *baptisé avec de l'huile de lièvre*[2] ? Vous autres femmes, vous êtes toutes les mêmes : si un garçon est bien de sa personne, s'il a bonne façon et bonne renommée, tout est dit, et vous n'en demandez pas plus. S'il est fiancé à votre fille : vite, vite, il faut les marier, ces pauvres enfants. Mais, je vous le répète pour la centième fois, Nicole n'épousera que celui qui en sera digne, et j'en veux être seul juge. Je n'aime pas les gens qui n'ont de courage que pour ne rien faire, et j'estime qu'il en est d'un bon mari comme d'une bonne femme : c'est chose plus facile à souhaiter qu'à trouver. »

Sur cette dernière réflexion, Pierre se leva et sortit, autant pour couper court à l'entretien qu'il ne savait plus trop comment continuer, que pour mettre fin à une discussion dans laquelle il n'était pas bien sûr d'avoir raison.

Une fois seule, Annaïk cessa de filer, et son air distrait témoignait assez que son esprit était ailleurs. Un léger coup frappé à la porte vint la tirer de ses rêveries ; elle n'eut pas plutôt répondu d'entrer qu'Alain était auprès d'elle.

— « Quelle heureuse chance, mère, de pouvoir enfin causer en tête à tête avec vous! Mais dites-moi d'abord où est Nicole ?

— Soyez sans inquiétude, Alain ; elle ne doit pas être loin, car c'est l'heure où vous arrivez d'ordinaire.

Nous venons encore d'avoir une discussion au sujet de votre mariage, et vous savez combien elle souffre de l'entêtement de son père. Pierre est toujours le même ; il veut que vous vous distinguiez avant de vous accorder la main de sa fille. Nous avons eu beau prier, conjurer, supplier, il est demeuré inflexible, et nous a déclaré que c'était à prendre ou à laisser : c'est à vous d'aviser, mon pauvre garçon.

— Ah ! je ne m'étonne plus si depuis quelques jours j'éprouvais comme le pressentiment d'un malheur prochain. Souvent j'ai songé à la peine cruelle que je ressentirais s'il me fallait quitter ma chère fiancée ; mais, si je ne devais jamais obtenir sa main, j'en mourrais sûrement, et, puisque le père Corhégat l'exige, je vais aller quérir la gloire avec l'aide de Dieu et de monseigneur saint Michel. Adieu, mère! Pensez souvent à celui qui laisse son cœur au milieu de vous. Adieu! »

Chapitre ii

CHAPITRE II

COMMENT ALAIN BÉKOUARN DIT ADIEU A SA FIANCÉE ET S'ENRÔLA
SOUS LA BANNIÈRE DE JEHAN IV, DUC DE BRETAGNE.

———

L e jour baissait rapidement et les ombres s'allongeaient de plus en plus sous les rayons du soleil couchant. Au loin, le laboureur traçait un dernier sillon en activant son attelage par ce *sône* du pays dont les clochettes du troupeau voisin semblaient marquer la mesure :

« Dimanche matin, en me levant pour aller conduire mes vaches
« dans les champs, j'entendis ma douce chanter et je la reconnus
« à sa voix; j'entendis ma douce chanter, chanter gaiement sur la
« montagne, et moi de faire une chanson pour chanter avec elle
« aussi.

« Je lui donnerai un bouquet où je mettrai un souci dont j'aime
« la fleur, un souci tout flétri, car je
« suis bien affligé, car je n'ai pas encore
« eu d'elle un baiser d'un amour sincère...
— « Taisez-vous, ne chantez plus, mon
« ami, taisez-vous bien vite. Les gens qui
« vont à la messe nous écoutent dans
« la vallée. Une autre fois, quand nous
« viendrons à la lande et que nous se-
« rons tous deux seuls, un petit baiser
« d'amour sincère je vous donnerai... un
« ou deux... [1] »

Après une belle journée, la nature
entière semblait heureuse de témoigner
au Créateur sa reconnaissance pour tous
ses bienfaits, et les oiseaux faisaient joyeusement leur partie dans
ce concert universel. Seul, Alain était triste; il cherchait Nicole, et
son visage bouleversé indiquait bien la violence de sa douleur. Il
rencontra la jeune fille au moment où elle rentrait au logis paternel.

— « *Ma Doué* [2]! Alain, qu'avez-vous? Vous ressemblez à un
spectre ; seriez-vous malade? Que vous est-il arrivé? Parlez vite,
vous me faites peur !

— Chaque chose ici-bas, ma chère fiancée, a sa loi nécessaire : l'eau coule de la fontaine et descend au creux du vallon ; le feu s'élève et monte au ciel ; la colombe demande un petit nid bien clos, le corps la tombe, l'âme le paradis ; et moi je ne souhaite que votre cœur et votre main. Il paraît que c'est encore trop. Dieu m'est témoin que je vous aime plus que tout au monde, et c'est pourtant à cause de vous que je suis le plus malheureux des hommes, car il va falloir nous séparer.

— Nous séparer !... Que dites-vous ?... Sainte Vierge !... Mais... pourquoi ?... Comment ?...

— C'est votre père qui l'exige ; il ne veut pas changer d'idée au sujet de notre mariage, et il me faut bien partir à la recherche de cette gloire qui me vaudra votre main. Peut-être ne vous reverrai-je jamais ! Oh ! alors, ne m'oubliez pas, et soyez assurée que ma dernière pensée aura été pour vous.

— Au nom du ciel, mon doux ami, ne parlez pas ainsi. Que deviendrais-je si vous veniez à mourir loin de moi ? Dans mon impatience d'avoir de vos nouvelles, combien de fois mon cœur va-t-il se briser ! Ah ! il est bien vrai qu'on n'est jamais heureux ! Adieu nos longues causeries, adieu nos rêves de bonheur ! Hélas ! hélas ! pourquoi partez-vous ?

— Je vous en supplie, Nicole, ne vous laissez pas abattre, car nous pouvons espérer en des jours meilleurs qui effaceront jusqu'au souvenir de nos tourments passés.

— Que ne puis-je vous accompagner pour partager vos dangers, vos joies, vos douleurs ! Du moins, je vous le jure, Alain, je resterai digne de vous, et vous n'avez pas à redouter l'absence pour notre

affection : l'éloignement ne tue l'amitié que si elle est malade au départ. Avant de nous séparer, je vous donne cette médaille bénite qui
ne m'a jamais quittée. Gardez-la toujours; elle vous portera bonheur !

— Oui, grâce à votre souvenir, la tâche que j'entreprends ne sera
pas au-dessus de mes forces. Que sainte Anne nous protège!... »

Et, se penchant vers sa fiancée qui pleurait silencieusement, Alain
déposa un long baiser sur son front si pur, puis s'enfuit en courant pour cacher ses larmes . . . .

. . . .

Le soleil avait disparu et les
étoiles s'allumaient l'une après
l'autre dans la voûte céleste. L'air
était imprégné de la senteur
des menthes sauvages, et la lune
radieuse s'élevait lentement au-
dessus de l'horizon, teintant de ses
rayons d'argent les arbres qui bor-
daient la route. Par endroits, un
léger brouillard étendait sur les
prairies environnantes comme un
manteau de gaze au travers du-
quel perçaient çà et là les buissons des haies. Ailleurs la rosée perlait
au bout de chaque brin d'herbe, et les feuilles mouillées ressemblaient
à autant de miroirs où venaient se refléter les vers luisants, ces
flambeaux vigilants de la nature endormie. Plus loin, une nappe d'eau
étincelait sous les traînées lumineuses de l'astre des nuits que les
peupliers ou les saules du bord de la rivière laissaient passer à de

rares intervalles. Aux aboiements des chiens, annonçant le retour des travailleurs dans les fermes éloignées, avait succédé un silence profond : le calme immense de cette belle nuit n'était interrompu de temps à autre que par le murmure des ruisseaux doucement porté sur l'aile de la brise, ou la clochette aiguë des troupeaux qu'on pouvait distinguer par places, cherchant leur nourriture au milieu de gras pâturages.

Mais qu'importait tout cela au pauvre Alain Békouarn? Il marchait, marchait toujours, ne songeant qu'à sa chère Nicole. A peine se doutait-il qu'il était tard et qu'il y avait déjà longtemps que la cloche du *benedicite* sonnait dans son estomac. Et puis, ce n'était pas sans remords qu'il pensait à ses parents, à son brusque départ, car il n'avait dit adieu à personne, dans la crainte qu'on le détournât de ses projets.

Tout en se faisant à lui-même une foule de raisonnements pour se convaincre qu'il avait agi comme il le devait, la lassitude et la faim commencèrent à le tourmenter, et il comprit qu'il fallait s'occuper sérieusement de ces deux vilaines compagnes. Pour tromper le temps, il se mit à chanter un vieux *gwerz*[1] sur un ton plus triste que celui de la messe des Morts :

« Adieu à quiconque m'aime sur ma paroisse et aux environs. « Adieu, pauvre chérie, Linaïk, adieu! Je te fais ces adieux en te « quittant; peut-être, hélas! est-ce pour toujours!

« Comme un petit agneau éloigné de sa mère, je ne cesse de
« pleurer et de pousser des gémissements, les yeux toujours tournés
« vers le lieu où tu es restée, ô ma très douce amie [1]... »

Cependant notre voyageur était arrivé à l'entrée du bourg
d'Iffendic. Sur la place, l'auberge du *Coq Hardi* balançait en
grinçant son enseigne renommée, tandis qu'il se faisait grand bruit
à l'intérieur. Alain pensa donc qu'il pouvait entrer sans crainte
d'éveiller personne : il se trouva aussitôt au milieu de soldats qui
allaient rejoindre monseigneur le duc de Bretagne, Jehan, quatrième
du nom.

Le plus vieux de la bande, qui semblait en être le chef, était âgé
d'une cinquantaine d'années. C'était un homme petit, maigre, ridé,
les yeux à fleur de tête, les cheveux rares et blancs, la barbe
taillée en brosse. Deux énormes balafres se voyaient sur son front,
et il lui manquait une oreille, sans doute laissée sur quelque
champ de bataille. Son pourpoint, décoloré et troué en maint endroit, prouvait que son propriétaire s'inquiétait peu de sa toilette :
des bottes, un éperon cassé, un casque bosselé et une large épée
complétaient son harnachement ; il semblait aussi rusé que besoi-
gneux, et parlait en homme habitué à se faire obéir.

De ses deux compagnons, l'un, grand, mince, à la moustache
blonde, à la tournure martiale, était mis avec une certaine recherche, bien que ses vêtements eussent l'air d'avoir déjà couru
de nombreuses aventures. Il paraissait distrait et ne répondait que
par monosyllabes au bavardage de son chef, lequel n'avait plus
que lui à qui parler, le troisième personnage étant tellement
ivre qu'on avait dû l'appuyer le dos au mur pour qu'il ne tombât

point. Gros, court, la face violacée et bouffie, le nez rouge comme une *rose de vipère*[2], les cheveux ébouriffés et grisonnants, on aurait dit Bacchus en personne après une orgie. Sa main tenait encore le gobelet qui lui avait servi à accomplir les trop nombreuses libations de la soirée, et, dans son sommeil, il essayait machinalement de porter à ses lèvres un nectar imaginaire que ses forces anéanties ne lui permettaient plus d'ingurgiter qu'en rêve.

Alain, auquel personne ne fit d'abord attention, alla s'asseoir près du grand blond qui avait nom Aloÿs, comme il l'apprit en entendant son chef lui recommander pour la nuit le pacifique ivrogne dont les ronflements sonores commençaient à faire vibrer les vitres de la salle. Tandis que le jeune homme apaisait sa faim, la conversation ne tarda pas à s'établir. Après les questions d'usage, on entama le chapitre des confidences, et le fiancé de Nicole, qui avait besoin d'épancher le trop-plein de son cœur, ne cacha pas à son interlocuteur qu'il partait pour tenter la fortune. Aloÿs prouva de suite au naïf enfant que sa bonne étoile l'avait conduit à l'auberge du *Coq Hardi* pour qu'il s'en vînt avec eux à l'armée du duc Jehan.

— « Croyez-moi, mon garçon, il ne faut jamais laisser échapper l'occasion quand elle se présente. Vous êtes jeune, bien tourné, intelligent; tout ce qu'il faut pour réussir. Vous partez avec nous, c'est entendu. Nous allons guerroyer; vous vous signalez par votre zèle et votre intrépidité. Vous vous couvrez de gloire, comme nous tous; si le Duc vous remarque, votre fortune est faite..... Et ça n'est pas plus difficile que cela. Vous ne savez pas comme c'est beau la vie des camps, les embuscades, les batailles, les captures que l'on fait, les riches butins qu'on se partage! Cela enivre! On n'est plus homme, on devient géant : on frappe, on cogne, on prend tout ce qu'on trouve; on sauve, quand on en a le temps, les femmes et les enfants. En dehors des combats, rien à faire ; partout, bonne chère et bon lit. Par saint Georges! vive le métier des armes! c'est le seul où l'on sache être heureux. Auriez-vous peur, par hasard, de laisser votre peau dans quelque aventure? Mais vous

pouvez tout aussi bien mourir au coin de votre feu, et ce n'est pas là que la gloire ira vous chercher. Vous courez après elle, elle vient au-devant de vous; marchez à sa suite, c'est le meilleur conseil que je puisse vous donner. »

Alain écoutait bouche béante les raisons du soldat qui lui conta encore mille et mille belles choses au sujet de sa noble profession, si bien qu'à la fin le jeune homme était convaincu qu'il avait trouvé sa voie et que, depuis sa naissance, il était destiné à porter la pique et le hoqueton.

Le lendemain, de grand matin, il envoya prévenir ses parents de son départ pour l'armée, en se recommandant à leur pieux souvenir. Puis, une fois en règle de ce côté, il emboîta bravement le pas derrière ses nouveaux amis.

Chapitre .iii.

CHAPITRE III

COMMENT JOSSELIN FUT ASSIÉGÉ PAR
LE DUC DE BRETAGNE ET DES
PROUESSES QUE FIT A CE SIÈGE
ALAIN BÉKOUARN.

L e printemps de l'an de grâce 1393 touchait à sa fin. Messire
Olivier de Clisson, comte de Porhoët et connétable de France
depuis la mort de Bertrand du Guesclin, après avoir échappé

miraculeusement au poignard assassin de Pierre de Craon, avait dû quitter Paris, malgré le crédit dont il jouissait auprès de Charles VI. Retiré dans son château de Josselin, il y vivait tranquille, loin de ses ennemis et d'une cour qui semblait s'autoriser de la jeunesse et de l'inexpérience du roi pour se livrer sans frein à toutes les passions.

Après son crime, Pierre de Craon avait gagné la Bretagne, où le duc Jehan lui avait donné l'hospitalité. Ce dernier nia d'abord ses relations avec le meurtrier de Clisson; puis, lorsque la vérité se fit jour, il refusa catégoriquement aux envoyés de Charles VI de leur livrer un hôte qui était venu se mettre sous sa protection. Les menaces du roi de France ne purent avoir raison de l'entêtement et de l'arrogante duplicité de son vassal, et, si la folie n'était pas venue arrêter au Mans la campagne commencée, nul ne sait si la vieille Armorique n'aurait pas été réunie un siècle plus tôt au domaine royal.

Lorsque l'orage qui grondait sur sa tête se fut dissipé, Jehan IV songea à utiliser les troupes qu'il avait réunies. Pierre de Craon, auquel sa haine contre le Connétable ne laissait ni paix, ni trêve, persuada au Duc de marcher contre son ennemi et de lui déclarer la guerre.

Olivier n'eut que le temps de jeter une forte garnison dans Josselin, qu'il laissa aux ordres de sa femme, Marguerite de Rohan; puis, il alla s'enfermer dans Moncontour, une autre de ses forteresses, pour fondre sur ses agresseurs au moment opportun. Il n'avait à compter que sur lui-même, car il savait la cour de France en proie aux compétitions les plus diverses :

c'était là d'ailleurs la véritable cause de la brusque attaque du duc Jehan.

L'armée bretonne arriva bientôt aux alentours de Josselin, dont la principale défense consistait en une belle et grande tour difficile à réduire et pouvant contenir une nombreuse garnison. Le Duc la fit entourer des deux côtés et confia le commandement de ces deux corps de troupe : l'un au sieur de Malestroit et au vicomte du Fou, l'autre à messire Pierre de Craon. Ce fut sur ce point qu'on résolut de pousser la plus vive attaque.

Avant de commencer les travaux du siège, Jehan somma le château de se rendre, déclarant qu'il ne se retirerait, lui et ses gens, qu'après s'en être emparé. Personne ne se laissa ébranler par ces menaces, et la dame de Clisson fit demander aux assiégeants s'ils allaient au bal pour se montrer en si bel équipage, ou depuis quand le ciel leur avait donné des ailes et appris à voler pour passer par-dessus ses remparts.

En entendant de semblables propos, Pierre de Craon se mit fort en colère et jura de ne prendre aucun repos avant la capitulation de la place. Aussi, les travaux d'approche furent-ils poussés très activement afin de pouvoir donner l'assaut le plus tôt possible. On entama la muraille à grands coups de marteaux de fer, de pics, de hoyaux, tandis que les batteries lançaient d'énormes carreaux de pierre dont les assiégés savaient éviter les atteintes en amortissant leur choc par des peaux de bœufs fraîchement tués et par de gros ballots de laine qu'ils faisaient glisser le long des murs, aussitôt qu'ils voyaient les machines en mouvement.

Enfin la brèche commença à s'ouvrir et le Duc fit publier dans tout son camp qu'on se tînt prêt à donner l'assaut. A l'aube du jour, les troupes s'approchè-rent du pied des murailles. Alain Békouarn, après plusieurs faits de guerre, parmi lesquels on citait la prise d'un convoi ennemi, avait été mis à la tête des archers et arbalétriers qui devaient tirer une grêle de flèches sur les remparts pour en écarter les ennemis.

Dès que l'action eut été enga-gée, les uns se précipitèrent contre les murs pour y appuyer leurs échelles, et les autres s'efforcèrent d'y monter. Mais les assiégés se défendirent vaillamment, suivant en cela l'exemple du vieux capitaine que leur seigneur leur avait laissé pour les commander sous les ordres de sa femme. Les coups qu'il portait étaient tirés si justes que personne n'en échap-pait, ce qui faisait reculer instinctive-ment les assaillants.

Jehan, voyant que les siens faiblis-saient et commençaient à douter du succès, leur commanda de s'acharner sur le gouverneur, répondant de la reddition de la place si l'on parvenait à le jeter à terre. Le combat recommença donc de plus belle, mais, quelques efforts que fissent les Bretons pour monter aux murailles, ils n'y purent arriver ; les assiégés culbutaient sans relâche leurs ennemis les uns sur les autres et les faisaient tomber avec leurs échelles, en jetant sur eux des pièces de bois et des matériaux de toutes sortes.

Pour encourager les siens, le sire de Craon leur dit que le Duc n'aurait garde d'oublier ceux qui feraient des actions d'éclat. Enflammé par ces paroles, Alain saisit une longue échelle, la mit contre la muraille et s'élança audacieusement, l'épée à la main, en se couvrant de son bouclier. Arrivé aux derniers échelons, il brava le gouverneur lui-même et le menaça de lui faire bientôt sentir toute la vigueur de son bras; mais celui-ci, voulant l'obliger à se taire, versa sur lui un immense panier de grosses pierres qui mirent son échelle en pièces. Le pauvre garçon, complètement étourdi par cette avalanche, vint tomber la tête en bas dans le fossé qui était plein d'eau.

Le duc Jehan avait admiré son intrépidité et applaudi à son courage ; voyant qu'il allait infailliblement se noyer s'il n'était secouru sur-le-champ, il envoya ses gens au plus vite pour le sortir de la fâcheuse position où il se trouvait. Ce ne fut pas sans peine qu'en le tirant par les pieds on parvint à l'arracher de la vase qui le suffoquait.

Malgré tout, il avait terriblement bu et paraissait plus mort que vif : on le réchauffa comme on put, et lorsqu'il reprit ses esprits, la première chose qu'il demanda fut comment il se trouvait en pareil état et si l'assaut était terminé. On eut beau lui dire qu'il en avait fait assez et qu'il devait rester tranquille, il ne voulut rien entendre, tant était grande la rage qu'il ressentait de sa mésaventure.

Entre temps, Jehan IV, voyant les siens très éprouvés, avait fait sonner la retraite et donné ordre à ses troupes de rentrer dans leurs cantonnements. Alain s'en fut quand même jusqu'aux palissades de la ville et, ayant rencontré quelques traînards sur son chemin, il les occit incontinent, ce qui effraya fort les ennemis. Le Duc, pour le récompenser de sa belle conduite, lui donna un grade dans ses propres archers. Le père Corhégat ne pourrait plus dire qu'il n'était bon à rien !

Quelques jours après cette attaque meurtrière, les Bretons reprirent les travaux du siège et élargirent beaucoup la brèche. Désespérant qu'on vînt à leur secours en temps opportun, les assiégés dépêchèrent de nuit un messager au Connétable pour lui dire que s'il ne pouvait les aider dans leur défense, il était temps qu'il traitât avec le duc de Bretagne. Ainsi fit Clisson par l'intermédiaire du sire de Laval (frère de sa

femme), et de la duchesse Jeanne de Navarre. Jehan consentit à lever le siège de Josselin à la condition que le comte de Porhoët lui rendrait hommage et qu'on oublierait de part et d'autre les griefs passés. Par suite de ce traité, le château ouvrit ses portes, et les clefs en furent remises au duc de Bretagne par Robert, sieur de Beaumanoir ; puis immédiatement ladite place fut rendue au connétable de Clisson.

Les troupes de l'armée bretonne quittèrent Josselin, le mardi 1er juillet 1393 [1].

Chapitre : iv :

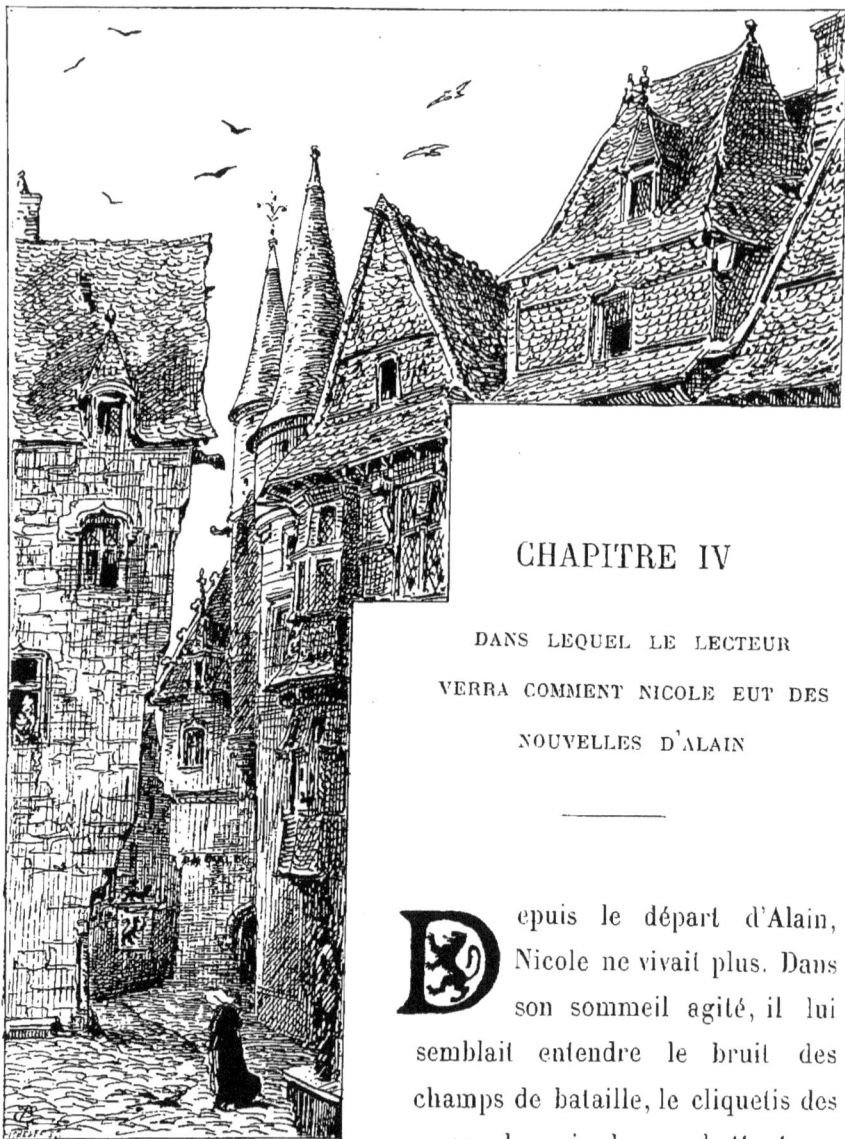

CHAPITRE IV

Depuis le départ d'Alain, Nicole ne vivait plus. Dans son sommeil agité, il lui semblait entendre le bruit des champs de bataille, le cliquetis des armes, les cris des combattants ou les plaintes des blessés. Elle se réveillait dans un état d'angoisse indescriptible, et ses parents ne voyaient pas sans effroi sa santé péricliter de jour en jour. Quoi qu'il en fût, le père Corhégat avait formellement interdit qu'on prononçât le nom du jeune homme en sa présence. « Ce serait bien assez d'y penser, ajoutait-il, lorsqu'il reviendrait à Saint-Gilles... si jamais il revenait. »

Mais, dès qu'elles étaient seules, Annaïk et sa fille ne parlaient que de l'absent, et trop souvent leurs larmes trahissaient l'inquiétude qui torturait leur cœur. Il y avait longtemps que cela durait ainsi, les jours se succédant tristes et monotones, sans apporter la moindre nouvelle de l'armée du duc de Bretagne.

« Hélas! se répétait Nicole, les *Bazvalenns*[1] n'auront jamais besoin de tenir pour nous leurs joyeux propos, car Alain ne nous donne pas signe de vie. Est-ce donc qu'il m'oublie? Non, cela est impossible, après toutes les promesses qu'il m'a faites; je le connais trop bien pour ne pas être sûre de sa parole... Lui serait-il arrivé malheur? *Goa*[2]! que deviendrais-je sans lui? Ah! mon père a été bien dur, oui, cent fois plus dur que les pierres du seuil de la porte; à force de tomber, la pluie a usé le seuil, et nos larmes ni nos prières n'ont pu amollir son cœur. Étais-je assez heureuse de ces longues causeries où mon doux ami m'apprenait de beaux *sônes* et où nous échangions tous nos projets d'avenir! Pauvre Alain, où est-il?... Chers petits oiseaux, je vous en prie, écoutez-moi; vous le verrez peut-être, et moi je ne le puis; vous êtes joyeux, et moi bien affligée. Le cheval va moins vite que l'hirondelle; l'hirondelle moins vite que le vent; le vent moins vite que l'éclair; mais, si vous m'aimez, il faut aller plus vite qu'eux tous, car mon pauvre cœur souffre trop! Je vous en prie, courez dire à mon fiancé combien je pense à lui, combien son absence me fait mal, et qu'il faut qu'il se hâte de revenir s'il ne veut pas que je meure!... »

Ainsi se lamentait la gentille pennérèz, qui apprenait durement qu'aimer quelqu'un, c'est à la fois lui ôter le droit et lui donner la puissance de nous faire souffrir.

— « Il paraît qu'il y a du nouveau, ma fille, lui dit un matin Annaïk en revenant de Montfort.

— Vous avez des nouvelles d'Alain ? Vite, mère, dites-les-moi.

— Des nouvelles d'Alain, mon Dieu non, pas précisément ; j'en ai seulement de l'armée de monseigneur le duc de Bretagne. On a donné un assaut malheureux au château de Josselin, et les assiégeants ont été assez malmenés, à ce que l'on assure.

— Qui donc vous a dit cela ?

— C'est votre oncle Loéïz ; il le tient d'un soldat qui revient de là-bas ; mais, comme il n'a pas demandé de détails, il ne faut pas se désespérer. Alain était peut-être loin de Josselin, et rien ne prouve qu'il ne soit pas à l'heure qu'il est en parfaite santé.

— Que saint Nicolas nous assiste ! Je suis bien certaine que mon fiancé s'est précipité au plus fort du danger ! Qui sait s'il n'est pas blessé ou même tué ? Ma mère, disons, je vous prie, un *Ave* en l'honneur de Madame Marie, pour qu'il plaise à son Fils d'avoir pitié de nous. »

Et Nicole, les yeux tout en pleurs, récita pieusement sa prière. A peine eut-elle fini qu'elle sortit vivement sans mot dire. Annaïk, au bout de quelque temps, se leva pour aller la consoler ; mais, ne la trouvant pas, elle supposa que l'enfant s'était cachée pour dévorer ses larmes plus à son aise, et elle ne s'en mit pas autrement en peine.

Cependant la jeune fille, qui voulait questionner le plus tôt possible le soldat dont on lui avait parlé, avait quitté en toute hâte Saint-Gilles-des-Bois et courait sur la route de Montfort. Elle était si pressée qu'elle ne s'arrêta même pas pour dire bonjour à son amie Tinah, qu'elle rencontra en chemin, portant sur sa tête un pot à lait dans lequel étaient placées des branches de ronces et de houx pour diminuer l'agitation du liquide. Sans reprendre haleine, elle atteignit la vieille cité jadis fortifiée par les Romains qui, pour cette raison, l'avaient appelée : « Mont-fort ».

Raoul, sieur de Gaël, le même qui reçut de Guillaume le Conquérant l'ancien royaume d'*East Angle*, prit en 1091 le nom de Montfort. Ce fief n'avait d'abord été qu'un simple château fort dépendant de celui de Gaël et perdu pour ainsi dire au milieu de l'immense forêt de Brocéliande ; au xi⁰ siècle, il avait déjà une importance considérable.

Vers 1198, Alain de Dinan reprit aux Anglais cette forteresse, qu'il incendia et ruina à tel point que les seigneurs du lieu changèrent de résidence et se fixèrent au castel de Boutavant en Iffendic. Mais cet état de choses ne devait pas durer longtemps. En 1376, Raoul VII qui, vers le milieu du xiv⁰ siècle, avait hérité de son père de la seigneurie de Montfort, entreprit la reconstruction du château qui portait son nom. Il mena à bien cette tâche difficile et termina ces grands travaux vers 1389, comme le prouve l'inscription gothique gravée au-dessus de la porte d'entrée :

L'AN : MIL : TROIS : SANS : QUATRE : VINGTS : NEUF :
F. F. R. DE : MONTFORT : CESTE : (PORTE ?) :

Les nouvelles fortifications entouraient une sorte de promontoire assez élevé, bordé à l'est par un vaste étang qu'alimentait le Garun, à l'ouest par le Meu, et se terminant au sud au confluent des deux rivières. Seul, le côté nord était de plain-pied avec le pays environnant : c'est là que s'élevaient le château et ses enceintes, dominés par la tour imposante du donjon [1]. Les maisons du bourg s'étageaient gracieusement sur les pentes qui regardent le midi, tandis que le faubourg Saint-Nicolas se développait à l'orient sous la protection de la forteresse. De fortes et épaisses murailles, flanquées de tours à mâchicoulis, défendaient la basse ville ; les portes, garnies de herses et de ponts-levis, s'appelaient : la porte Saint-Jean ou Boulevard, la porte Saint-Nicolas et la porte de Coulon ou porte Blanche. De tous côtés régnaient des doubles fossés très profonds et pleins d'eau.

Au nord, et en dehors des murs, on remarquait l'église Saint-Jean-Baptiste, édifiée au viie siècle par les soins de Judicaël, disciple de saint Méen. L'église Saint-Nicolas, dans le faubourg du même nom, avait été fondée vers 1105 comme prieuré de l'abbaye de Sainte-Mélaine de Rennes [1]. Enfin l'abbaye de Saint-Jacques complétait l'ensemble des édifices religieux de cette petite cité [2].

Près de la contrescarpe du Pas d'Anne, au nord-ouest de la ville, se trouvait la fameuse *Motte-aux-Mariées*, si célèbre dans les annales de Montfort. Chaque année, à l'issue de la fête de saint Jean-Baptiste, une couronne de chèvrefeuille était présentée aux officiers de justice à l'entrée du cimetière par les propriétaires du lieu de la Poulanière-en-Coulon. Elle était ensuite portée en grande pompe jusqu'à la *Motte-aux-Mariées*, où toutes les jeunes femmes dont l'union avait été célébrée

dans l'année devaient se trouver réunies, sous peine d'une amende de soixante sols : chacune à tour de rôle, ayant la couronne sur la tête, montait sur le tertre gazonné pour y danser et dire une chanson. A la fin de la cérémonie, elles étaient obligées d'embrasser le seigneur ou son procureur fiscal, et la couronne était laissée à la dernière mariée [1].   .   .   .   .

.   .   .   .

Le jour commençait à baisser lorsque Nicole entra en ville. Elle alla tout droit frapper à l'auberge du *Lyon de Bretaigne*, tenu par son oncle, maître Loéïz, qui se vantait de n'avoir jamais repoussé qu'un hôte : le chagrin. C'était un brave garçon, très obligeant, d'une intelligence médiocre et qui avait toujours l'air de chercher quelque chose. Malheureusement pour lui, ce qu'il cherchait n'est pas si commun qu'on puisse le trouver sur les grands chemins, car c'était de l'esprit. Sans plus tarder, sa nièce lui

conta le motif de sa visite, et le digne homme la rendit bien
joyeuse en lui apprenant qu'elle pourrait aisément interroger le
soldat qu'elle cherchait, car il logeait chez lui.

En attendant sa venue, Nicole était partagée entre la crainte et
l'espérance, et, dans son impatience inquiète, les minutes lui paraissaient des heures. Elle se reprochait de n'avoir pas apprécié
comme elle aurait dû le faire ces jours de félicité, si rapidement
écoulés, qui traversent à de rares instants la vie humaine, semblables aux météores resplendissants dont les traînées lumineuses
sillonnent le ciel pendant les belles nuits d'été, et dont l'éclat ne
dure que quelques secondes, comme pour rendre plus épaisses les
ténèbres qui leur succèdent. Par moment, elle croyait entendre
une voix qu'elle reconnaissait bien et qui l'appelait avec des accents
déchirants. Puis, l'imagination aidant, elle voyait son fiancé expirant,
percé de coups, et personne pour fermer ses yeux avec un baiser...

Son oncle vint à point la tirer de ses rêveries en lui amenant
le fuyard de Josselin. Tous deux le pressèrent de questions : il
déclara qu'il connaissait parfaitement Alain, qu'il l'avait vu cul-
buter dans le fossé en montant à l'assaut ; il raconta ce qu'il
savait, et sans doute un peu ce qu'il ne savait pas, car ceux-là
seuls ne mentent jamais qui ne disent jamais rien. Il termina
son récit en assurant la pennérèz que son fiancé était en parfaite
santé, qu'il s'était couvert de gloire sous les yeux de ses chefs, et
que monseigneur le duc de Bretagne lui avait donné un grade dans
son armée, en récompense de ses bons et loyaux services.

Il faut renoncer à peindre le bonheur de la jeune fille : il lui
semblait que le soleil venait de se lever dans son esprit ; elle avait

quitté son air rêveur accoutumé, et, pour la première fois depuis
bien longtemps, elle avait l'âme en paix et le cœur content. Elle
tomba à genoux pour remercier Notre-Dame de la protection
qu'elle avait accordée à son cher Alain, et pour la supplier de
veiller toujours sur lui. Pour peu, elle aurait en se relevant sauté
au cou du soldat, qui n'eût pas demandé mieux que de se laisser
faire : elle en oubliait jusqu'à ses parents que son absence devait
pourtant plonger dans une inquiétude mortelle. Plus rien ne la
préoccupait : Alain n'était-il pas en bonne santé !

Lorsque les émotions se furent calmées et qu'on en revint aux
choses de ce bas monde, le temps avait marché, et il était beaucoup trop tard pour que Nicole pût s'en retourner. Loéïz chargea
un messager d'aller jusqu'à Saint-Gilles rassurer Pierre et Annaïk
sur le sort de leur fille ; puis chacun s'en fut coucher.

Chapitre b

CHAPITRE V

D e grand matin, Nicole prit congé de son oncle qui lui recommanda de passer par le sentier détourné afin d'éviter les gens du comte de Montfort, lesquels étaient toujours par monts et par vaux et n'avaient pas meilleure réputation que leur maître.

La jeune fille sortit de la ville par la poterne de Breteil où il n'y avait pas de corps de garde. Jamais l'air ne lui avait paru si pur et si

doux! Les oiseaux qui chantaient dans les buissons, le vent qui mur-
murait parmi les feuilles, lui répétaient, chacun à sa manière, le nom
du Maître dont ils étaient les créatures et les sujets. Tout lui sou-
riait et semblait partager la joie qui inondait son cœur.

A mi-chemin, entre Saint-Gilles et Montfort, s'élevait, au milieu
d'un carrefour, un calvaire en granit tout taché de mousse, pèlerinage célèbre dans les environs. La légende
rapportait qu'on avait trouvé morte en
ce lieu une jeune fille dont le renom de
sainteté égalait la merveilleuse beauté; on
l'appelait *Spern-Gwenn*[1]. Sa lanterne allu-
mée brûlait près de son corps inanimé.
Longtemps après, les personnes qui passaient par là, à minuit, pouvaient voir
une lumière tremblotante au pied de la
croix. Une nuit, la clarté parut comme à
l'ordinaire, puis se mit à grandir, puis à
grandir encore, et bientôt l'on put distinguer une forme humaine,
une tête, des bras, un corps entouré de vêtements lumineux et enfin
deux ailes. Peu à peu l'apparition monta vers le ciel, car l'époque
où la jeune fille eût cessé de vivre, si elle fût restée sur la terre, était
arrivée. Voilà ce que l'on disait, et Nicole était absorbée dans ces
souvenirs, lorsqu'elle se trouva tout à coup entourée par une quin-
zaine de soudards. S'échapper, il n'y fallait pas songer, et, malgré
sa frayeur, elle essaya de faire bonne contenance.

— « L'oiseau est dehors de bien bonne heure, lui dit le chef
de la bande. Par *l'estafier de saint Martin*[1], jolie pennérèz, on

dirait que vous courez à un rendez-vous, tant vous marchez vite !

— Vous vous trompez, messire, je vais rejoindre mes parents à Saint-Gilles-des-Bois et je viens de quitter mon oncle, maître Loéïz, l'hôtelier de Montfort.

— Ah! vous êtes la nièce de ce vieux renard! Vous devriez lui persuader de mettre un peu moins d'eau dans les boissons qu'il nous vend, et, quant à vos parents, m'est avis qu'ils feraient mieux de

vous accompagner que de vous laisser aller seule. Mais, après tout, cela ne me regarde pas, et j'aime mieux pour l'instant qu'ils ne soient pas là... Voyons, n'ayez pas peur ; aussi bien, je ne me rappelle pas avoir rencontré un plus charmant minois depuis que je suis au service du haut et puissant seigneur Raoul, mon très noble maître.

— Messire, je vous en prie, laissez-moi continuer ma route, car on m'attend.....

— Par Dieu! ma mie, voilà qui est bien parlé. Je crois pourtant que

nous n'allons pas être d'accord, car jamais soldat ne doit laisser
échapper ses prisonniers. Or, je vous déclare de bonne prise, et vous
allez nous suivre de gré ou de force.

— Par pitié, ne faites pas cela!... Vous n'avez donc ni sœur, ni
mère?... De grâce, rendez-moi la liberté!

— Que nenni, ma belle! Traitez-nous de cœurs durs et cruels tant
que vous voudrez ; au besoin nous pourrions vous prouver que nous
savons devenir tendres ; mais n'im-
porte. Allons, en route! Monseigneur
décidera lui-même ce qu'il veut faire
de vous et, ou je me trompe fort,
ou il récompensera généreusement
notre zèle infatigable pour sa très
gracieuse seigneurie. »

Nicole ne tenta pas de résister.
Elle sentait ses jambes fléchir comme
si on l'eût menée à la mort, car l'idée
d'être remise aux mains du Comte
lui causait une terreur folle. Tout
en avançant, elle pensait à la douleur de ses parents qui ne sau-
raient jamais ce qui lui était arrivé; elle songeait surtout à son
fiancé, et de grosses larmes coulaient lentement le long de son beau
visage.

« Ayol¹ ! se disait-elle, j'étais si heureuse des bonnes nouvelles
d'Alain, et me voici au désespoir! Adieu ! adieu ! mes doux rêves
d'avenir ! »

Aux approches de la ville, la petite troupe fit un détour pour que

personne ne vît entrer au château la jeune prisonnière. Sur un signal convenu le pont-levis s'abaissa et, lorsqu'il se releva, la pauvre enfant se trouvait à la merci de Raoul VII de Montfort.

CHAPITRE VI

OU L'ON FERA CONNAISSANCE AVEC LE COMTE
DE MONTFORT, CE QUI EXPLIQUERA LES TRANSES DE
NICOLE CORHÉGAT.

L e comte de Montfort, Raoul, septième du nom, entrait dans sa
verte vieillesse. On aurait dit que le temps l'avait effleuré de
son aile pour lui redonner seulement une nouvelle vigueur.
Voué dès son jeune âge à la vie agitée des camps, on l'avait soustrait
de bonne heure aux doux soins de sa mère pour l'initier au dur
métier des armes. A pareille école, il prit bientôt des allures rudes et

grossières ; son langage bref et énergique laissait deviner une volonté de fer devant laquelle tout devait plier, et il avait une façon particulière d'entendre la morale, dont il paraissait ne connaître les lois que pour s'y soustraire.

Au sortir de l'enfance, il s'était éperdument épris de la fille d'un roturier et lui avait juré qu'elle serait sa femme ; mais les hommes oublient facilement ces sortes de promesses. Sur les instances de ses parents et les remontrances de ses amis, il renonça à cette mésalliance pour épouser Isabeau de Lohéac, dame de la Roche-Bernard, l'une des plus belles personnes de son temps. Grande et bien prise, ses cheveux, noirs comme le jais, tombaient en nattes épaisses sur ses épaules ; ses yeux, d'une douceur infinie, illuminaient son délicieux visage, tandis qu'au travers de sa bouche demi close apparaissaient des dents d'une blancheur éclatante que faisait ressortir davantage le rose de ses lèvres vermeilles.

Qu'ils furent heureux les premiers jours qui suivirent cette union ! Lui, le descendant de cette forte et si ancienne race que le bon Dieu seul était de plus vieille maison, avec son air martial et indompté méritait bien d'être appelé, comme l'un de ses ancêtres, « l'athlète audacieux, » et semblait protéger la faible créature qu'il avait prise pour compagne. A les voir se promener au bras l'un de l'autre, on aurait dit un chèvrefeuille s'appuyant sur un solide pan de mur.

Mais leur bonheur ne fut pas de longue durée. Le Comte ne tarda pas à regretter les champs de bataille et la vie aventureuse de ses compagnons d'armes. Son caractère entreprenant s'accommodait mal de la monotone existence qu'il menait dans son château, et, lorsqu'il sortait de longues rêveries dont personne ne le pouvait tirer, c'était

pour chercher querelle à la pauvre Isabeau, ou pour lui reprocher durement de n'avoir pas d'enfants, comme s'il était donné à l'homme de régler les desseins de la Providence !

Bientôt ce ne fut plus tenable pour la malheureuse femme ; seules, les absences de son époux amenaient dans son intérieur un peu de tranquillité. Un soir, ce dernier rentra subitement d'une expédition qui l'avait tenu éloigné plusieurs semaines. Ce jour-là le soleil avait été ardent, la chevauchée rude : chacun en arrivant avait bu à sa soif, ce qui pour beaucoup était plus qu'il n'aurait fallu. Isabeau ne put s'empêcher de faire quelques réflexions sur la mauvaise tenue et la brutalité des hommes de guerre; le Comte, croyant à une attaque personnelle, se fâcha tout aussitôt, et se plaignit amèrement du peu d'empressement qu'elle mettait à le bien accueillir. A ces mots, la noble châtelaine, le toisant des pieds à la tête, ne lui cacha pas sa méprisante indignation, ce qui rendit Raoul livide de colère. Se précipitant sur elle, il la frappa si malheureusement à la tête avec le pommeau de sa dague, qu'il l'atteignit à la tempe et la tua raide.

La vue de son crime le rappela à la raison. Déterminé à le cacher soigneusement, il déclara que la Comtesse était morte subitement et qu'il n'avait même pas eu le temps de la porter sur son lit pour qu'elle y rendît le dernier soupir. Toutefois, une fin si étrange ne parut naturelle à personne, et, comme on adorait la châtelaine autant qu'on exécrait le châtelain, la rumeur publique accusa hautement ce dernier d'avoir assassiné celle que les malheureux appelaient leur mère au milieu de leurs sanglots.

Poursuivi par ses remords, mais délivré de toute entrave, le Comte se laissa aller à ses mauvais penchants. Il réunit sous sa bannière des hommes de sac et de corde, véritables bandits, ne craignant ni Dieu, ni diable, et entièrement dévoués à ses moindres caprices. D'amis, il n'en eut bientôt plus; ses vassaux tremblaient devant lui; ses chefs le redoutaient également, le sachant capable de tout, hormis du bien; on le disait menteur comme un païen et larron jusqu'au bout des ongles.

D'ailleurs, que ne racontait-on pas? L'imagination populaire une fois déchaînée ne connaît plus de bornes, et ne pouvait-on pas, avec raison, charger Raoul des plus noirs méfaits? On disait tout bas qu'il faisait enlever les plus jolies filles de ses domaines : nul ne les avait vues entrer au château; mais, comme elles disparaissaient tout à coup, c'était évidemment là qu'elles étaient enfermées. Des personnes, mieux renseignées que les autres, affirmaient avoir entendu sortir de certaines tourelles des gémissements à fendre l'âme. Enfin une robe de femme, trouvée un matin sur les bords de l'étang, avait donné à penser qu'on noyait les victimes lorsqu'on ne savait plus qu'en faire.

Nicole connaissait vaguement toutes ces rumeurs; ce qu'elle voyait autour d'elle, ces soldats grossiers, ces sombres murailles, ces tours, dont le faîte se perdait dans le ciel et le pied aux enfers, la frappaient d'épouvante et la laissaient sans espoir, ce qui est tout un.

Au bout d'un moment qui lui parut un siècle, un homme, au regard fuyant et dur, lui ordonna d'un ton bref de le suivre, ce qu'elle fit en tremblant, car elle sentait de plus en plus qu'un malheur planait au-dessus d'elle. Ils s'engagèrent dans un escalier qui montait rapidement à l'intérieur d'une grosse tour et, à force de tourner, l'enfant s'imagina qu'elle était pour le moins arrivée à la hauteur du sommet du grand clocher de l'église Saint-Jean. Bientôt son guide s'enfonça dans un long corridor si obscur qu'on en voyait à peine les extrémités : les pas résonnaient sous ces voûtes élevées avec un bruit sinistre bien fait pour augmenter encore la terreur de la fiancée d'Alain.

Enfin l'homme s'arrêta devant une lourde et massive porte de chêne, ornée de belles ferrures et fermée par un énorme verrou ; après l'avoir ouverte, il introduisit sa prisonnière dans une grande salle, en la saluant d'un air gouailleur, avec la figure d'une belette qui a trouvé le chemin du colombier. Il lui recommanda de rester tranquille, l'assura qu'elle ne manquerait de rien et lui dit que le Comte viendrait la voir lorsqu'il en aurait le temps (ce dont elle se serait bien passée). Puis, il referma la porte et s'en alla, la laissant à ses tristes réflexions.

A mesure que le bruit des pas s'éteignait, il semblait à la pennérèz que les derniers liens qui la rattachaient au monde se brisaient un à un. Enfin le silence se fit, complet, immense, interrompu seulement de temps à autre par le gazouillement des hirondelles qui nichaient sous la fenêtre, et la jeune fille essaya de rassembler ses esprits pour se bien persuader qu'elle n'était pas le jouet d'un affreux cauchemar.

La pièce où elle se trouvait était l'ancienne chambre de la Comtesse. Des solives apparentes se détachaient en brun rouge sur les entre-deux peints en bleu avec semé de croix gringolées. Des lambris de chêne, surmontés de magnifiques tapisseries de haute lice représentant des scènes de bataille et des sujets de chasse, venaient se terminer de chaque côté d'une cheminée en granit où l'on voyait les armes des Montfort et des Lohéac *en alliance*. Près de la fenêtre, un prie-Dieu, qui n'avait sans doute pas servi depuis la mort d'Isabeau, était adossé au mur au-dessous d'une statue de la Vierge placée dans une niche de pierre. Un magnifique lit à colonnes, fermé par des rideaux en damas de soie écarlate, s'avançait au milieu de la chambre où brillait, posée sur une grande table de chêne massif, une splendide aiguière. Une crédence et un bahut finement sculptés, des escabeaux et plusieurs chaires complétaient l'ameublement de la pièce. L'une de ces dernières était à deux places : les armoiries seigneuriales se détachaient sur son dossier et un dais à frise ouvragée la surmontait. Des carreaux de tapisserie ou des coussins en velours rouge, ornés de glands d'or, recouvraient tous les sièges. L'unique baie, s'ouvrant dans l'épaisse muraille du château, donnait sur l'étang qui, de ce côté, protégeait la ville, et dont les eaux venaient clapoter mélancoliquement jusqu'au pied des grosses tours de la forteresse. C'était bien là une de ces salles comme on en trouvait tant dans les sombres demeures féodales de l'époque : n'aurait-on pas dit en vérité que les seigneurs avaient peur de laisser parvenir au dehors le moindre écho de leur vie privée ?

Après avoir fait le tour de sa prison, Nicole tomba sur un siège, épuisée, anéantie, écoutant avec effroi la brise qui soufflait tristement dans la cheminée et dans les corridors, comme les voix des âmes demandant des prières.

9

« Pourquoi, pensait-elle, ai-je quitté Saint-Gilles sans en avoir prévenu ma bonne mère? Tout ce qui m'arrive est la juste punition de ma faute!... Que penserait Alain s'il me savait ici?... Dieu puissant! que faire?... Comment apprendre aux miens ce que je suis devenue?... » Et, dans son désespoir, mettant sa confiance en Notre-Dame, elle s'agenouilla devant sa statue et l'invoqua avec ferveur. Puis, se souvenant que son saint patron avait jadis, dans sa grande bonté, tiré trois jeunes filles d'un aussi mauvais pas, elle fit vœu qu'elle irait chaque année en pèlerinage à son autel, si, par son entremise, elle parvenait à sortir saine et sauve de la terrible position où elle se trouvait. . . . .

. . . .

Les cloches de la ville élevaient vers le ciel leurs voix harmonieuses, annonçant aux habitants qu'il était l'heure de réciter l'*Angelus* de midi, lorsqu'un serviteur du château apporta son repas à Nicole, sans lui dire un mot. A la tombée du jour, le même homme revint avec le souper et une lumière qu'il posa sur la table. Elle essaya de le faire parler, mais, soit qu'il eût reçu des ordres formels, soit qu'il ne voulût rien dire, il répondit évasivement à ses questions, ajoutant toutefois que Monseigneur viendrait dans la soirée. Avant de se retirer, il la regarda avec un tel air de commisération qu'elle en fut frappée et en devint plus inquiète que jamais.

A peine toucha-t-elle à la nourriture qui lui était destinée; puis, absorbée dans ses funestes pressentiments, elle vint s'asseoir dans l'embrasure de la fenêtre. La lune se levait calme et sereine au-dessus de l'étang tandis que, dans l'azur encore éclairé par les dernières lueurs du crépuscule, scintillait l'étoile du berger; peu à peu la nature s'assoupissait... Tout à coup l'homme de garde entonna une chanson mélancolique :

« Un grand château s'élève au milieu des bois de Maël ; tout « autour une eau profonde ; à chaque angle une tour ;

« Dans la cour d'honneur, un puits rempli d'ossements, et le mon- « ceau chaque nuit devient de plus en plus haut ;

« Sur la barre du puits s'abattent les corbeaux, et ils descendent « au fond pour y chercher pâture en croassant joyeusement ;

« Le pont du château facilement tombe, mais encore plus facile- ment se lève ; quiconque entre là ne sort plus... [1] »

La voix s'éloignait insensiblement et Nicole ne put saisir la fin du *gwerz;* mais elle en avait entendu assez pour s'appliquer ces lugubres paroles qu'elle se répétait malgré elle et qui la faisaient tressaillir. Sentant le froid et la peur la gagner, elle s'entoura d'une robe magnifique qu'elle avait trouvée dans le bahut, et se jeta sur le lit tout habillée.

La nuit s'avançait à pas lents, et la neuvième heure était sonnée depuis longtemps déjà, lorsque la prisonnière entendit marcher dans le corridor qui conduisait à la chambre où elle se trouvait. Sans aucun doute, c'était le Comte.

CHAPITRE VII

COMMENT PIERRE ET ANNAÏK CORHÉGAT, FORT INQUIETS DE LEUR FILLE, S'EN VINRENT JUS- QU'A MONTFORT ET NE L'Y TROU- VÈRENT PAS.

———

andis que Nicole courait sur la route de Montfort, le père Corhégat, en rentrant chez lui, trouva sa femme toute en larmes.

— « Que diable se passe-t-il encore, grommela le bon-homme? D'où vient votre air bouleversé? Vous voilà verte comme du raisin et pâle comme la mort! »

Ayant fini par comprendre, au milieu des sanglots de la mère Annaïk, que sa fille avait disparu et qu'elle ne pouvait la retrouver, il n'en fut pas plus rassuré.

— « Vous aurez beau dire, tout cela est bien de votre faute. Vous n'aviez qu'à veiller sur la pennérèz; ma parole, il faudra bientôt que ce soit moi qui en prenne soin !

— Ah ! je savais bien qu'il nous arriverait quelque chose de

funeste, car voici plusieurs nuits que je fais des rêves épouvantables. Hier encore j'ai cru entendre grincer la roue de la *brouette des morts* que le diable avait négligé de graisser [1]. J'ai bien vite récité un *De profundis* pour les pauvres défunts, mais le mauvais présage n'en subsiste pas moins.

— Vos rêves, vos rêves, laissez-moi donc tranquille avec vos rêves ! Croyez-vous que c'est en rêvant que vous apprendrez ce qui est arrivé à votre fille?

— Pierre, mes pressentiments ne m'ont jamais trompée. *Ma Doué!* qu'avons-nous fait, pour attirer sur nous la colère du ciel?

— Avez-vous bientôt fini? En vérité vous seriez capable de me faire croire aux revenants et à la double vue avec de pareilles histoires? Laissez-moi donc tout cela, fermez la porte, et allons aux nouvelles. »

En un instant on connut à Saint-Gilles la disparition de la gentille Nicole, et Dieu sait si les commères firent marcher leurs langues. L'une affirmait qu'elle avait été se noyer dans son désespoir de ne pas savoir au juste ce qu'était devenu son fiancé. Une autre certifiait qu'elle était assurément partie rejoindre Alain à l'armée de Bretagne; la plupart pensait qu'elle se lamentait dans quelque coin, pleurant solitairement son bonheur perdu et son avenir brisé. Chacun donnait son avis, se lançant dans des conjectures plus ou moins hasardées, et ceux qui ne disaient rien étaient les seuls à ne point déraisonner.

On courut tout le pays, mais de Nicole on ne découvrit pas la moindre trace. Pour comble de malheur, le messager dépêché par Loéïz s'était trompé de chemin, et, ne trouvant pas Saint-Gilles, il était revenu tranquillement sans avoir fait la commission dont il était chargé.

Pierre et Annaïk, désespérés, ne purent fermer l'œil de la nuit. Debout dès l'aube, ils allaient recommencer leurs recherches, lorsque Tinah vint leur dire qu'elle avait rencontré la veille Nicole, marchant à grands pas sur la route de Montfort et allant si vite qu'elle n'avait pu lui parler. Ce fut un trait de lumière : plus de doute, leur fille était partie sans les prévenir, afin de prendre elle-même à la ville des nouvelles de son fiancé ; leur inquiétude n'en fut guère diminuée, car ils savaient combien il est dangereux de laisser courir les champs aux fillettes, surtout lorsqu'elles sont jolies.

Sans tarder, les Corhégat prirent le chemin qu'avait dû suivre l'enfant, et leur hâte d'arriver était telle qu'ils marchèrent sans échanger un mot, dans la crainte de perdre du temps. Toutefois, en passant devant le calvaire de Spern-Gwenn, ils ne manquèrent pas de s'agenouiller dévotement pour supplier le Seigneur de leur venir en aide. Pauvres gens ! ils ne se doutaient pas que quelques heures auparavant leur fille avait été enlevée au même endroit par les hommes du comte de Montfort !

Dès leur arrivée à la ville, ils coururent chez maître Loéïz. Celui-ci commença par ne rien comprendre à ce qui se passait.

— « Seigneur Dieu ! qu'avez-vous pour venir ainsi tous les deux, à cette heure, en pareil équipage ? s'écria l'hôtelier stupéfait.

— Dis-nous vite, de grâce, si tu as vu Nicole et si elle est chez toi, reprit Pierre.

— Oui, sans doute, j'ai vu votre fille ; elle est arrivée hier soir, assez tard, pour demander des nouvelles d'Alain au soldat qui revient de Josselin. D'ailleurs, vous savez tout cela, puisque j'ai envoyé quelqu'un vous prévenir.

— Par saint Jacques, nous n'avons vu âme qui vive ! Personne n'est venu à Saint-Gilles, et nous n'avons pas entendu parler de Nicole ; enfin, où est-elle ?

— Ah ! par exemple, ça, je n'en sais rien. Tout ce que je puis vous dire c'est qu'elle a couché ici et qu'elle m'a quitté de fort bonne heure pour retourner chez vous. Si elle avait voulu m'atten-dre, je l'aurais accompagnée moi-même ; mais elle était pressée de vous retrouver et a dû prendre, sur mon conseil, le chemin de traverse, moins fréquenté par les rôdeurs.

— Voyons, Loéïz, à quelle heure au juste est-elle partie ?

— Il était bien six heures. Moi, à votre place, je m'en retournerais de suite, car pour sûr votre fille est à Saint-Gilles, et vous avez tort de vous inquiéter. »

Un peu réconfortés, Pierre et Annaïk repartirent au plus vite. In-

continent l'hôtelier mit gentiment à la porte le truand qui ne
seulement su faire la commission dont il l'avait chargé pour
frère; puis le bonhomme, trouvant malgré tout l'aventure étra
fit jaser ses clients qui, ne sachant rien, ne purent rien lui
prendre. Bientôt d'ailleurs, les devoirs de sa profession aidant, il ne
pensa plus guère à la pennérèz qui devait être chez ses parents :
c'était du moins sa conviction.

La première personne que les Corhégat rencontrèrent en approchant du village fut Tinah, qui attendait anxieusement leur retour
pour savoir s'ils ramenaient sa chère amie. Du plus loin qu'elle les
aperçut, elle se précipita à leur rencontre et vit de suite à leur
visage qu'ils n'avaient rien de bon à dire; aussi s'abstint-elle de les
questionner. De leur côté, ils n'osaient ni l'un ni l'autre demander
si l'on avait vu leur fille. En approchant de chez eux, comme leur
cœur battait ! Hélas ! le logis était vide ; Nicole n'avait pas paru.

CHAPITRE VIII

FACHEUX ÉTAT OU LA VUE DE NICOLE MIT LE COMTE DE
MONTFORT, ET CE QUI S'ENSUIVIT

E n entendant ouvrir la porte de la chambre, Nicole se
précipita en bas du lit où elle reposait. Que de choses lui
traversèrent l'esprit en moins d'une seconde! C'étaient les
jours de son enfance si pleins d'insouciance et de tranquillité ; puis,
l'époque bénie de sa première communion ; enfin, les longues
causeries avec son fiancé, alors qu'avançant dans la vie elle avait
senti son esprit s'ouvrir comme une fleur à des émotions inconnues

et encore inexpliquées. Mais par-dessus tout planaient le souvenir de son cher Alain et la terreur du Comte qui se présentait à ses regards.

Debout sur l'huis, ébloui par l'éclat de la lumière qu'il tenait à la main, Raoul ne pouvait apercevoir la jeune fille dans l'obscurité relative de la vaste pièce où elle se trouvait. Pendant qu'il refermait la porte, un bruit confus de voix avinées, de chants bachiques et de verres entre-choqués s'élevait dans la nuit, et prouvait assez que l'orgie était à son comble dans la grande salle du château.

— « Par la Pàque-Dieu ! ma belle, ce n'est pas chose aisée que d'arriver jusqu'à vous ! Mais le diable n'y perdra rien pour attendre, car nous ferons ensemble bon ménage, j'espère... Je vous y engage par avance... » Et, ce disant, le terrible châtelain s'approchait de Nicole à moitié morte de peur.

Tout à coup, elle le vit pâlir. Sa langue embarrassée était incapable de traduire sa pensée: ses dents claquaient; ses yeux hagards semblaient fixer une horrible vision; ses

mains n'avaient plus la force de tenir son flambeau ; sa poitrine oppressée respirait avec peine ; ses jambes mal affermies ne pouvaient plus le porter : bref, il tremblait de tous ses membres, et son épouvante était telle qu'au bout d'un instant ses forces le trahirent : comme une masse inerte, il tomba lourdement sur le plancher.

Le malheureux avait cru reconnaître Isabeau : mêmes traits, mêmes cheveux, même taille et jusqu'au même vêtement, car c'était une des anciennes robes de la Comtesse que la jeune fille avait jetée sur ses épaules pour se garantir du froid. Rien de plus naturel que sa méprise, et il n'était pas étonnant qu'il eût été terrifié en voyant se dresser devant lui, comme un châtiment, le spectre de sa victime.

Nicole ne se rendait pas compte de ce qui se passait ; mais, n'écoutant que son bon cœur, elle essaya par tous les moyens possibles de faire revenir à lui le comte de Montfort, dont les exclamations trahissaient la pensée.

« Va-t'en, Isabeau ! murmurait-il sans cesse. Va-t'en !... Ton image me poursuivra-t-elle donc toujours?... Ne suis-je pas assez puni par mes remords?... Pourquoi me tourmenter ainsi? Tu sais bien que l'*ange cornu* a mon âme... Que de crimes !... Des morts, toujours des morts !... C'est affreux !... Par le Dieu vivant, laisse-moi en repos !... Va-t'en !... Va-t'en !... »

Cependant, sa robuste constitution reprit bientôt le dessus. De longs soupirs annoncèrent la fin de la crise, et ses regards effarés ne tardèrent pas à chercher de nouveau la terrible apparition. A la vue de sa prisonnière qui s'était relevée brusquement et le contemplait immobile, il bondit, comme mû par un ressort, se signa malgré lui et

11

sortit en tirant violemment la porte, sans plus regarder celle qui lui inspirait une aussi indicible terreur.

A sa rentrée dans la salle où l'on menait joyeuse vie, on fut frappé de son visage pâle et bouleversé ; mais, comme il ne voulut rien répondre aux questions de ses compagnons, l'incident fut vite oublié, et la nuit s'acheva, comme d'habitude, au milieu des rires et des chansons.

Après le départ du Comte, Nicole avait remercié de tout son cœur la Vierge et saint Nicolas qui l'avaient si merveilleusement secourue ; puis, brisée par la fatigue et par les émotions qu'elle venait d'éprouver, elle s'était jetée sur le lit et s'était endormie. Lorsqu'elle entendit entrer dans la chambre, il faisait grand jour ; l'homme qui l'avait conduite la veille au travers du château, venait lui dire de la part de son maître qu'elle eût à s'en aller immédiatement. Raoul, en effet, hanté par le souvenir d'Isabeau, n'avait pas fermé l'œil de la nuit ; aussi, dans la matinée, avait-il donné l'ordre qu'on délivrât la prisonnière et qu'on la conduisît avec grand soin hors des murs d'enceinte, afin qu'elle ne puisse pas rentrer dans la forteresse.

La jeune fille ne se le fit pas dire deux fois : à la suite de son guide, elle redescendit vivement le long escalier de la tourelle, traversa les cours intérieures et franchit le pont-levis. Elle était libre !

Le sentier qu'elle suivait longeait l'étang, et, dans son empressement, elle oubliait presque les affreux incidents de la nuit précédente, lorsque des soldats, qui revenaient de la maraude, la croisèrent et la re-

connurent. Ils n'eurent rien de plus pressé que de l'arrêter et de vouloir l'emmener de force avec eux. Nicole n'avait pas prévu ce nouveau danger ; elle résista avec énergie, appelant à l'aide de toutes ses forces. Mais, qui pouvait la secourir en pareil lieu ? L'écho seul répondait à sa voix et semblait se moquer d'elle. Au comble du désespoir, elle s'adressa finalement à des canes sauvages qui s'ébattaient près de là, et les adjura, si elle trépassait, d'aller remplir en son nom et pour sa personne son vœu à saint Nicolas.

Presque au même moment, un sergent d'armes sortit du château pour savoir d'où provenait tout ce bruit et déclara qu'il fendrait la tête au premier qui toucherait l'enfant du bout du doigt, car la volonté formelle de Monseigneur était qu'elle s'en fût saine et sauve.

La pennérèz ne pensa même pas à dire merci à son sauveur inattendu ; elle gagna la ville en courant et ne s'arrêta que dans la maison de maître Loéïz. Celui-ci fut tellement ébahi de son arrivée qu'il en perdit la tête et laissa tomber sur ses clients un énorme pichet de cidre qu'il tenait à la main. Il n'en croyait pas ses yeux, car enfin c'était bien elle ; mais d'où pouvait-elle sortir ?

Une fois remis de sa surprise, il dépêcha un exprès à son frère pour le prévenir que sa fille était retrouvée et qu'il allait la lui ramener en parfaite santé. Puis, après avoir donné des ordres pour qu'on le remplaçât pendant son absence, il se mit en route avec sa nièce. A ses questions pressantes, Nicole répondit de son mieux, tout en cachant une partie de la vérité. Elle pensait, non sans raison, que ce qu'elle avait surpris des habitudes et des secrets du château ne devait pas courir le pays ; il était donc sage d'user de prudence avec son oncle, dont la réputation de bavardage n'était plus à faire et se trouvait solidement établie à dix lieues à la ronde. Seule, la crainte extrême qu'il avait du Comte aurait pu retenir la langue du digne homme.

Pierre et Annaïk accoururent au-devant de leur fille ; ils la rencontrèrent presque à moitié chemin de Montfort, et point n'est besoin d'ajouter avec quel cœur ils l'embrassèrent et l'embrassèrent encore. Loéïz ne tarda pas à les quitter pour retourner à ses affaires ; mais son esprit était ailleurs, et il songeait toujours à ce qu'il venait d'apprendre.

Nicole raconta à ses parents, sans en rien omettre, les affreuses scènes dont elle avait été la bien involontaire héroïne. D'un commun accord, on jugea inutile d'ébruiter ce qui s'était passé, et il fut convenu qu'on mettrait sur le compte d'un coup de tête sa disparition momentanée.

Bientôt, d'ailleurs, personne ne pensa plus à cet événement qui avait en son temps mis tout Saint-Gilles en émoi, et, selon le vœu qu'elle en avait fait, la fiancée d'Alain alla dévotement, en compagnie de sa mère, témoigner sa reconnaissance à saint Nicolas en son église de Montfort.

Chapitre : ix

CHAPITRE IX

DANS ICELUI CHAPITRE, ALAIN BÉKOUARN
REVIENT A SAINT-GILLES-DES-BOIS ET
Y RETROUVE SA FIANCÉE.

Deux mois s'étaient écoulés depuis la tragique aventure de

Nicole, et la mère Corhégat s'apercevait chaque jour des changements profonds qui s'opéraient dans le caractère de sa fille. Elle, autrefois si gaie, maintenant triste et rêveuse, passait des journées entières sans prononcer une parole, et jamais plus elle n'allait voir ses amies, craignant toujours de leur part quelque question indiscrète. Seules, à ses yeux, les fêtes et les cérémonies religieuses avaient conservé leur attrait; aussi, ne manquait-elle pas d'assister aux nombreux *pardons* du voisinage, pour demander à Dieu de veiller sur Alain et de le lui ramener le plus tôt possible. . . . .

Dans tous les endroits sanctifiés jadis par la présence des premiers apôtres venus en Armorique pour y prêcher la religion du Christ, la piété des fidèles avait élevé en leur honneur, sinon des églises, au moins des chapelles, qui attiraient à certaines dates un nombreux concours de pèlerins empressés. Ces fêtes curieuses et pittoresques, auxquelles on a donné le nom de *pardons*, durent ordinairement trois jours. On y entend des chants historiques ou des chants d'amour, des cantiques ou des légendes, dans cet idiome breton, rude assurément, mais jamais grossier, car il a passé par la bouche des mères.

C'est le plus souvent au fond d'un vallon délicieux, arrosé par une charmante rivière et dominé par de hautes collines boisées, que s'élève la chapelle vénérée, au milieu de tombes dont les croix en bois noir se montrent par-dessus les grandes herbes. Le *placître* [1] est ombragé de chênes séculaires qui ne laissent parvenir qu'un demi-jour mystérieux jusqu'au calvaire qu'ils abritent. Le long des routes, des mendiants, assis dans la poussière, étalent aux yeux des pèlerins leurs plaies ou leurs membres difformes. Au loin, on voit arriver les pieux voyageurs le *penn-boz* [2] à la main, dans les costumes les plus variés

de couleurs et de formes. Ici, c'est un Léonard aux habits noirs, à la
ceinture bleue, à la taille élevée ; là, un Trécorrois aux vêtements gris,
à la voix harmonieuse ; ailleurs, des Vannetais à la mise sombre, à
l'air froid et calme ; plus loin enfin, des habitants de Cornouailles
avec leurs riches et élégants costumes couverts de broderies, leurs
braies bouffantes (*bragou-braz*) et leurs longs cheveux flottants.

Les uns vont à pied, les autres en charrettes ; certains portent femmes
et enfants en croupe sur leurs bidets : tous ôtent leurs chapeaux et
s'agenouillent dès qu'ils aperçoivent la chapelle.

Mais qu'est-ce donc que ces hommes qui s'avancent pieds nus, tête
découverte, un cierge allumé dans la main droite et n'ayant que leur
chemise pour tout vêtement? Au sein de la tempête, alors que les élé-
ments déchaînés semblent heureux de donner libre cours à leur fureur
longtemps contenue, ces fils de l'Armorique se sont sentis impuis-
sants à lutter contre la violence irrésistible des vents et de la mer.
« Bien qu'habitués depuis leur enfance à prendre les flots pour cour-
siers », comme dit le poète breton, ils ont cru leur dernière heure
arrivée, et, implorant le Dieu tout-puissant, ils se sont engagés par
serment, s'ils sortaient sains et saufs du péril, à se rendre au *pardon*
en pareille tenue : pas un ne dira un mot ou n'embrassera sa femme
qu'il n'ait accompli son vœu.

Çà et là, des veuves se font remarquer par leurs coiffes jaunes
(Quimper), par leurs immenses capes de drap noir qui les envelop-
pent entièrement (Côtes-du-Nord), ou par les longues barbes de leurs
bonnets qu'elles laissent pendre, au lieu de les relever comme d'habitude de chaque côté de leur visage.

Pour la circonstance, on décore du mieux possible l'intérieur de la chapelle, dont les murs disparaissent sous les *ex-voto* : navires ou barques en miniature, béquilles, pieds, bras, doigts, jambes en argent ou en cuivre, naïfs témoignages des nombreuses guérisons obtenues en ces lieux. La nef unique ne peut contenir qu'un petit nombre de personnes, et dans l'unique bras de croix se trouve, contre l'emplacement du banc seigneurial jadis surmonté d'une grande verrière armoriée, l'*enfeu* ou tombeau des fondateurs, monument assez élevé, en tuffeau [1] bleu, sur lequel est couché un chevalier revêtu de ses armes, les pieds posés sur un chien, emblème de la fidélité.

Cependant l'heure de l'office sonne : les cloches avertissent les fidèles que la messe commence. Elle est suivie d'un long sermon, et, comme il n'y a nulle part ni chaises, ni bancs, la foule compacte des pèlerins reste à genoux par terre. Beaucoup de femmes, pour éprouver moins de fatigue, s'assoient sur leurs talons; quelques-unes allaitent leurs enfants, seul moyen de les faire taire, tandis que tous chantent en chœur des cantiques où domine la voix nasillarde des vieilles femmes.

Dès que la cérémonie religieuse est terminée, on envahit les auberges et les libations vont leur train. Après quoi chacun se rend à la source sacrée, voisine de la chapelle : les uns lavent leurs pieds poudreux dans l'onde fraîche, pendant que les autres la puisent et la boivent avec conviction.

A la fin de la journée, les danses commencent. Il fut un temps où elles avaient lieu jusque dans le sanctuaire, vieille coutume imitée

sans doute des anciens bardes qui chantaient à la clarté de la lune des hymnes en l'honneur de leurs divinités, en apprêtant dans le bassin magique le repas des braves. Les *sonneurs* [1], montés sur des tonneaux, jouent des passe-pieds sur le biniou national et la bombarde, accompagnés parfois du tambourin. Les premières notes mettent tout le monde en branle, car il est peu de pays où la danse soit aussi populaire qu'en Bretagne. . . . .

. . . .

On était donc en été. Partout les fleurs s'épanouissaient comme le

cœur des jeunes gens, et la moisson, déjà mûre, semblait un manteau
d'or jeté sur la campagne. Les chemins retentissaient des chants des
moissonneurs qui allaient et venaient, la faucille sur le bras ou le
fléau sur l'épaule : « au sommet des cha-
riots chargés de gerbes, apparaissaient
de jolis enfants, gazouillant comme des
nichées de jeunes oiseaux. La fauvette
faisait entendre sa voix dans les buissons
d'alentour, tandis que le ruisseau, par
son doux murmure, et la ramée, par ses
frémissements, l'accompagnaient en ca-
dence. » Dans le lointain, c'était le bruit
des batteurs ou le son des cornes appe-
lant les travailleurs aux repas, les sonnettes des attelages ou les cris
bruyants des pâtres ramenant leurs troupeaux des prairies.

Pendant que chacun était absorbé dans les travaux des champs, un
homme jeune et alerte marchait à grands pas sur la route de Montfort
à Saint-Gilles-des-Bois. Il avait la chevelure blonde, l'œil sérieux et
ardent, le nez droit et les lèvres fermement appuyées l'une contre
l'autre. Une cotte recouverte d'une cagoule de bure brune ; des
chausses de drap bleu ; des houseaux de cuir fauve ; un chapeau de feutre
à bords étroits et rabattus ; une ceinture enfin, à laquelle pendaient
une escarcelle et une dague à forte lame [1], composaient son accou-
trement. Tout en cheminant, il chantait à mi-voix le *sône* bien connu :

« Ma douce est jeune comme moi ; elle n'a pas encore dix-huit
« ans. Elle est fraîche et jolie ; ses regards sont pleins de feu, ses
« paroles charmantes ; c'est une prison où j'ai enfermé mon cœur.

« Je ne saurais à quoi la comparer. Sera-ce à la petite rose
« blanche qu'on appelle Rose-Marie, petite perle des jeunes filles,
« fleur de lis entre les fleurs qui s'ouvrent aujourd'hui et qui se
« fermeront demain?

« En vous faisant la cour, ma douce, j'ai ressemblé au rossignol
« perché sur le rameau d'aubépine ; quand il veut s'endormir, les
« épines le piquent; alors il s'élève à la cime de l'arbre et se met à
« chanter.

« Je suis comme le rossignol, ou bien encore comme une âme dans
« les flammes du Purgatoire, qui attend sa délivrance. Le terme est
« arrivé et le jour est venu où j'entrerai dans votre maison en com-
« pagnie des bazvalan ¹... »

A l'entrée de Saint-Gilles, le voyageur croisa Tinah qu'il salua par
son nom.

« Seigneur Dieu! c'est vous, messire Alain! Je ne vous aurais sûrement pas reconnu si vous ne m'aviez pas parlé! Comme Nicole va
être heureuse!... »

Mais Alain ne l'écoutait déjà plus, tant il avait hâte de retrouver
celle qu'il aimait. La pennérèz était seule à la maison, lorsqu'elle
entendit au dehors une voix mal assurée qui lui répétait le salut des
pauvres, ces amis du bon Dieu :

« Que le Seigneur vous bénisse, gens de cette maison! Que le
« Seigneur vous bénisse, petits et grands. »

Nicole, croyant que c'était un de ces *klaskervaras* ² qui ont pour
père et mère la charité des chrétiens, répondit aussitôt :

« Dieu vous bénisse aussi, voyageur, qui que vous soyez! Veuillez
« entrer sans plus tarder! »

Après avoir été chercher un gros morceau de pain, elle revenait l'apporter au malheureux qui avait imploré son bon cœur, lorsqu'elle se trouva en face de son fiancé... La joie et le bonheur faillirent la suffoquer : sans même y penser, elle se laissa tomber dans ses bras, « pleurant d'un œil pour le passé et riant de l'autre pour le présent ».

CHAPITRE X

OÙ L'ON APPRENDRA QUE LES CORHÉGAT FIRENT BON ACCUEIL A ALAIN, ET QUE L'ONCLE LOÉÏZ EUT LA LANGUE TROP LONGUE.

nfin vous voilà de retour, s'écria Nicole dès qu'elle put parler, vous voilà de retour et pour ne plus nous quitter !

— Soyez sans crainte, ma bien-aimée. Depuis longtemps déjà j'avais hâte de vous retrouver, et la seule pensée de mériter votre main m'a fait traverser sans faiblir les misères et les dangers sans nombre que j'ai affrontés. Votre cher souvenir, sans cesse présent à mon esprit, adoucissait mes chagrins, augmentait mon courage et décuplait mes forces.

— Moi aussi, Alain, j'ai bien songé à vous! Dans mes rêves, je vous voyais entraînant vos compagnons d'armes et mettant en fuite les ennemis découragés; parfois il me semblait que vous étiez blessé, expirant. Que n'aurais-je pas donné alors pour être près de vous !

— Vous êtes toujours la même, plus occupée des autres que de vous, et le bonheur ne manquera pas d'entrer à votre suite dans notre ménage.

— En pareil cas, mon ami, le bonheur ne se donne pas, il s'échange. Mais, de grâce, expliquez-moi comment vous êtes revenu.

— Rien de plus simple. Monseigneur le duc Jehan, que Dieu garde! après avoir fait la paix avec messire le connétable de Clisson, leva le siège de Josselin. Ne voulant pas conserver de nombreuses troupes à sa solde, il permit à ceux qui le désiraient de retourner dans leur pays. J'en avais assez fait pour prouver à votre père que j'étais bon à quelque chose; de nouveaux succès ne me tentaient guère; je profitai donc de la permission, et me voici.

— Le ciel en soit béni! J'avais si peur de ne pas vous revoir ! Vous n'avez pas été blessé au moins?

— Non, jamais. Plusieurs fois, j'ai cru ma dernière heure arrivée et je comptais mourir en pensant à Dieu, à mon pays et à vous, comme sait mourir un chrétien et un soldat breton. Grâce à votre médaille qui ne m'a pas quitté, j'ai échappé aux plus grands périls.

— C'est bien de m'avoir tenu parole... Ah! voilà ma mère; elle aussi va être bien joyeuse de votre retour. »

Annaïk, qui savait son mari absent, pressait le pas en entendant parler dans la maison. Quelle ne fut pas sa surprise en retrouvant Alain! Elle le serra longuement sur son cœur, comme s'il était son fils. Le père Corhégat lui-même, qui revint peu après, lui ouvrit les bras sans arrière-pensée, car le rude Breton s'était reproché souvent ses rigueurs excessives. Il fallut tout lui raconter par le menu, et, en se rappelant ses prouesses d'autrefois, il ne pouvait s'empêcher de sourire, d'approuver, de féliciter le jeune homme.

Parfois, lorsque le pauvre garçon laissait voir combien il avait souffert de rester si longtemps éloigné de celle qui était tout pour lui, une grosse larme coulait silencieusement le long des joues amaigries du vieillard.

Avec Alain, la joie était revenue dans la maison des Corhégat. Nicole n'avait pas assez d'yeux et d'oreilles pour voir et entendre son fiancé, et ce dernier était le plus heureux des hommes, Pierre ayant déclaré qu'il n'aurait jamais d'autre gendre que lui. D'un commun accord, la cérémonie du mariage fut fixée au jour de la fête de Mgr saint Michel qui tombe, comme chacun sait, le 29 septembre; il n'y avait donc plus que quelques semaines à attendre. Tandis qu'Annaïk s'occupait activement du trousseau de la mariée, les jeunes gens passaient leur temps à causer ensemble ou à se promener en se tenant par le *doigt du cœur* [1]. Que ne se disaient-ils pas dans ces doux épanchements où la vie leur apparaissait sous des dehors pleins de charmes!

Que de projets magnifiques ils formaient, et comme il leur semblait bon de parler de leur affection réciproque qu'ils se juraient
éternelle !

Cependant, il se passait en Nicole quelque chose d'extraordinaire ;
par instant, c'était comme une lourde main qui l'étreignait violemment, tandis que des terreurs in-
compréhensibles torturaient son
cœur ; sa tête lui paraissait en
feu, et elle s'imaginait voir le
terrible Comte se dresser mena-
çant entre elle et son fiancé. Ces
visions affreuses la remplissaient
d'épouvante, et la prière seule
les dissipait, preuve certaine que
c'était le *vieux Guillaume* [2] qui
les faisait naître dans son esprit.
Cent fois déjà elle avait voulu
mettre Alain au courant de ce
qui lui était arrivé au château
de Montfort, et cent fois le courage lui avait manqué.

De divers côtés il était revenu aux oreilles du jeune homme que
des événements étranges s'étaient passés pendant son absence chez
les Corhégat et que Nicole y avait été mêlée. Il n'y avait pas d'abord
attaché grande importance, car il savait pertinemment que la
calomnie est une fausse monnaie que beaucoup de gens, qui ne
voudraient pas l'avoir émise, font circuler sans scrupule. A la fin,

il résolut d'en avoir le cœur net et de s'en ouvrir à l'oncle Loéïz. Un jour donc il déclara qu'il ne pouvait tarder davantage à aller voir le brave hôtelier : il y avait des siècles qu'il n'avait donné signe de vie ; peut-être était-il malade ; et puis, il importait d'être bien

avec lui, car il était vieux garçon et n'avait que Nicole pour héritière. La pennérèz eut comme un pressentiment que cette visite lui serait funeste, et elle fit tout au monde pour en détourner Alain. Rien ne l'arrêta, pas même un orage qui grondait dans le lointain, et dont les coups de tonnerre répétés semblaient sonner le glas du bonheur des deux fiancés.

Tandis qu'il hâtait le pas, de gros nuages noirs s'allongeaient de plus en plus et glissaient dans la nue comme les dragons des légendes se poursuivant à tire-d'aile. Les oiseaux fuyaient devant l'ouragan et les éclairs traçaient dans le ciel leurs broderies de feu. Au moment où Alain franchissait le seuil de l'auberge du *Lyon de Bretaigne*, les larges gouttes de pluie, avant-coureur de la tempête,

se changeaient en torrents que poussaient irrésistiblement devant elles les rafales furieuses. On eût dit un étang qui se déchargeait.

L'atmosphère était écrasante. L'oncle et le futur neveu, en causant de choses et d'autres, mirent à sec une énorme cruche de cidre. Les langues ne tardèrent pas à se délier, et la conversation tomba bientôt sur le prochain mariage.

— « Ah! ça, mon garçon, dit tout à coup Loéïz, vous a-t-on conté l'incroyable aventure de votre fiancée au château de notre puissant et redouté seigneur le comte Raoul de Montfort?

— Non, par sainte Anne! Mais qu'est-ce donc, s'il vous plaît? repartit le jeune homme très intrigué, et aux oreilles duquel le nom de Raoul accouplé à celui de Nicole sonnait parfaitement mal.

— Comment? vous ignorez?... Moi je prétends qu'au point où vous en êtes vous devez tout savoir... Et puis, il n'y a pas un mot à dire sur le compte de la pennérèz, si ce n'est qu'elle a eu une fière chance de s'en tirer comme elle l'a fait, car c'est la première (et ce sera sans doute la dernière) qui soit jamais sortie de ce maudit manoir. Donc, voici le fait. »

Et Loéïz narra à son interlocuteur, sans en rien passer, ce

qu'il savait sur l'enlèvement de sa nièce. Il termina pompeusement son récit par ces paroles mémorables :

« Quoi qu'il en soit, croyez-moi, veillez bien à l'avenir sur votre fiancée, et ne la laissez jamais sortir seule, car il est deux choses dont il faut toujours se méfier : la constance des femmes et les ponts nouvellement bâtis ! »

Puis, comme on était déjà venu plusieurs fois l'appeler, il se leva, prit congé d'Alain et retourna sans plus tarder à ses affaires.

Chapitre xi

CHAPITRE XI

COMMENT FURENT ROMPUES LES FIANÇAILLES
D'ALAIN ET DE NICOLE ET COMMENT CETTE
DERNIÈRE EN PERDIT LA RAISON.

———

e récit de maître Loéïz avait commencé par étonner Alain ;
peu à peu il avait pâli, et, à la fin, une stupeur indicible
s'était emparée de lui. Il en voulait moins encore aux
Corhégat qu'à Nicole. Pourquoi, si elle l'aimait tant, lui cacher ce
qu'il aurait dû savoir ? Il connaissait la moralité des gens de guerre
et en particulier celle du comte de Montfort. Si maligne qu'elle fût,
il ne pouvait se persuader que la jeune fille eût été plus heureuse
que tant d'autres, qui la valaient bien ; quant à lui, il était prêt à tout

faire plutôt que de passer pour un imbécile. Ah ! pourquoi était-il revenu ? Pourquoi la mort n'avait-elle pas voulu de lui sur les champs de bataille où il l'avait vue de si près ? Ne méritait-il pas d'être heureux, lui si loyal et si constant ?... Que faire ? Comment savoir si le récit de l'hôtelier était véridique ? Il aimait mieux ne pas y ajouter foi ; c'était là d'ailleurs sa seule planche de salut. Se prenant la tête à deux mains, il en arrivait à se demander s'il était bien éveillé et s'il ne rêvait pas. En fin de compte, il se décida à interroger sa fiancée elle-même, estimant qu'en toutes choses il vaut mieux aller droit au but et avoir à faire au bon Dieu qu'à ses saints. Ce fut le cœur serré qu'il reprit le chemin de Saint-Gilles.

La nuit tombait lentement : la grande voix du tonnerre s'éteignait dans le lointain. De chaque côté du chemin, les ruisseaux, torrents en miniature grossis par l'orage, roulaient des cailloux parmi leurs eaux jaunâtres. Les arbres des haies semblaient revêtus de manteaux d'argent, tant les gouttelettes de pluie qui en couvraient les feuilles prenaient des reflets inattendus aux dernières lueurs du crépuscule. De rares nuages se hâtaient de fuir dans le ciel, taches blanches dans une mer d'azur. A chaque détour du chemin, la nuit se faisait davantage, si bien que tout finit par être plongé dans l'obscurité. Par instants retentissait dans l'ombre un chant triste et monotone :

c'était sans doute la voix de l'*oiseau de la mort*, du moins Alain en fut persuadé[1].

En arrivant à Saint-Gilles, il gagna immédiatement la maison des Corhégat. Un peu avant de l'atteindre, il trouva Nicole assise au pied d'un chêne. La lune qui venait de se lever perçait les rameaux de ses pâles rayons, et, glissant sur les longs cheveux de l'enfant, éclairait en plein son délicieux et mélancolique visage : on eût dit une apparition céleste.

« — Vous voilà, Alain ! Je vous attendais presque et je ne pouvais me décider à rentrer sans vous avoir revu. Je ne sais quels noirs pressentiments m'oppressent. Avez-vous trouvé mon oncle Loéïz ?

— Oui, sans doute, répondit le jeune homme d'une voix qu'il essayait de rendre assurée, et peut-être aurais-je mieux fait de rester ici, comme vous le vouliez. Dites-moi, ma chère fiancée, est-il vrai que vous ne me cachez rien, et que vous m'avez raconté tout ce qui vous est arrivé pendant mon absence? Ce serait mal de me tromper, moi qui ai si grande confiance en vous.

— Par Notre-Dame, où voulez-vous en venir ?

— Je vous en prie, cherchez bien, et répondez-moi en toute sincérité.

— En vérité, Alain, qui peut vous faire douter de ma franchise?

— Votre oncle Loéïz lui-même, qui vient de m'apprendre ce qui s'est passé pendant mon absence au château de Montfort, et vous me paraissez avoir joué là un rôle... peut-être trop important.

—Ah! il vous a tout dit, l'oncle Loéïz, reprit Nicole en rougissant. Eh bien! j'en suis heureuse. Au moins vais-je pouvoir m'expliquer avec vous, et Dieu sait ce que j'ai souffert jusqu'ici pour ne pas vous avoir encore ouvert mon cœur !... »

Mais lui, sans la laisser achever :

— « Comment, malheureuse, c'est donc vrai? Vous en convenez? Ce n'est pas une fable inventée à plaisir ou grossie sottement par quelques méchantes langues? Ainsi vous avez passé une nuit entière sous le toit du comte Raoul, et vous croyez que c'est pour être trahi et ridiculisé aux yeux de tous que j'aurai autant souffert? Ah! par mon saint patron, je méritais mieux que cela !

— Voyons, Alain, mon cher Alain, que dites-vous? Vous n'êtes pas juste ; je vous jure sur l'honneur que je n'ai pas démérité de vous. Pouvais-je résister aux soldats qui m'ont enlevée de force? Pouvais-je m'échapper du château où j'étais prisonnière ? Vous devriez plutôt remercier Dieu et saint Nicolas de la protection insigne qu'ils m'ont accordée, et ne pas m'accabler comme vous le faites !

— Vous ne me comprenez pas, Nicole, vous ne me comprenez pas. Désormais, sachez-le bien, il ne peut plus rien exister entre nous. Je

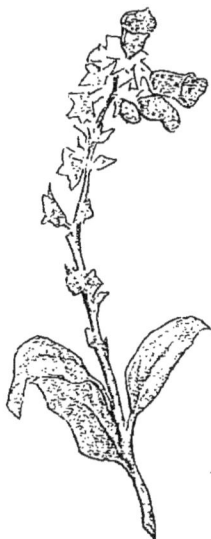

vous rends votre parole et je reprends la mienne. Épousez qui vous plaira, peu m'importe... *Ma Doué!* quel beau rêve j'avais fait et quel terrible réveil !... Mais rassurez-vous ; je pars sur l'heure et vous ne me reverrez jamais.

— Comment ! vous refusez de m'écouter ? et, parce que les apparences sont contre moi, vous me condamnez sans m'entendre, vous m'abandonnez comme la dernière des misérables ? Moi qui n'ai vécu que de votre souvenir pendant votre absence, que deviendrai-je si vous me quittez sans retour ?... Je vous en conjure, Alain, par notre amour, par les beaux jours de notre passé, prenez pitié de mes angoisses et de ma douleur...

— Croyez-vous donc que je ne souffre pas ? Après avoir reçu mon cœur et ma foi, vous avez brisé l'un et trahi l'autre ; la vie m'apparaissait souriante et heureuse, elle ne sera plus pour moi que larmes et chagrins. Je souhaite que la justice de Dieu ne s'appesantisse pas trop lourdement sur vous. Je vous défends, entendez-vous, je vous défends de penser à moi, et tout ce que je puis faire, c'est de ne pas vous maudire ! .. »

Alain dut s'arrêter, car ses forces allaient le trahir. Il s'enfuit, abandonnant sa fiancée qui tomba sans connaissance en poussant un grand cri. A cet appel désespéré, Annaïk sortit en toute hâte et la vue de sa fille inanimée la glaça d'effroi ; elle appela au plus vite son mari pour l'aider à rapporter la jeune fille et ils cherchèrent, mais en vain, l'explication de ce qui arrivait. Fallait-il voir là quelque nouveau méfait du comte de Montfort ou de ses soldats ? Cela paraissait peu probable. Malgré l'heure avancée de la nuit, Pierre courut prévenir Alain ; chose étrange, celui-ci n'avait pas paru de la soirée chez ses parents : tout cela n'était pas naturel.

Au bout d'une demi-heure, Nicole commença à reprendre ses sens ; mais le coup avait été trop rude pour la malheureuse enfant. Son regard fixe et égaré indiquait assez le trouble de ses idées ; aux questions qu'on lui posait, elle ne répondait que par des mots inintelligibles.

Hélas ! il n'y avait pas à s'y méprendre : elle était folle !

hapitre:xii

CHAPITRE XII

DES MERVEILLEUX PRODIGES QUI ONT LIEU DANS LA FORÊT DE BROCÉLIANDE, OÙ PÉRIT LA PAUVRE NICOLE.

Le brusque départ d'Alain Békouarn et la folie de sa fiancée ne tardèrent pas à être connus dans tout le pays. D'aucuns déclarèrent que le jeune homme s'était retiré dans un couvent ; d'autres, qu'il était parti pour la Palestine, bravant la mort ou la captivité parmi les infidèles, ce qui est tout un; d'autres encore, qu'il avait mis un terme à son existence désormais sans but : bref, comme personne ne le vit jamais, nul ne put savoir ce qui lui était advenu.

Quant à Pierre et à Annaïk, d'après les quelques phrases que leur fille répétait sans cesse, ils restèrent convaincus que le séjour de Nicole au château de Montfort était la seule cause de cette disparition. Pendant de longs mois, ils espérèrent que leur enfant se remettrait de la terrible secousse qu'elle avait éprouvée et que le fugitif reviendrait à Saint-Gilles; leurs illusions, hélas! tombèrent une à une et disparurent bientôt aussi complètement que les gouttes de pluie dans la mer.

La pennérèz n'avait rien perdu de sa beauté ; mais son visage, toujours triste, s'assombrissait encore lorsqu'elle demandait si son *mari* n'allait pas revenir, car elle se croyait mariée. Il n'y avait que le nom du comte Raoul qu'elle ne pouvait entendre prononcer sans se mettre aussitôt à trembler de tous ses membres. Ainsi, dans cette maison, la veille encore si joyeuse, les jours s'écoulaient maintenant monotones et pleins de désespérance.

Aux longues veillées de l'hiver avaient succédé les premiers beaux jours : la nature sortait petit à petit de son engourdissement. Pendant que le poisson folâtrait dans les eaux limpides, le rossignol plaintif chantait ses amours et proclamait bien haut que le bonheur est dans l'azur. Partout la sève courait avec vigueur; partout le printemps diaprait les prairies de ces mille fleurs aux parfums exquis, dont les exhalaisons montent sous la voûte des cieux comme un encens merveilleux vers le Maître de toutes choses, et le soleil, revenu d'exil, inondait de ses bienfaisants rayons ce vivant tableau. Mais que faisait à Nicole le travail du renouveau? Alain n'était pas là, et Alain seul occupait ses pensées. Aussi répétait-elle sans cesse le *gwerz* populaire :

« Ma bonne mère, si vous m'aimez, vous me ferez mon lit ; vous me ferez mon lit bien doux, car mon pauvre cœur va bien mal...

« Le traître a tué mon pauvre clerc [1] ! Vous direz au fossoyeur,

quand il ira le prendre chez lui : « Ne jette pas de terre dans sa « fosse, car dans peu ma fille l'y suivra... »

« Puisque nous n'avons pas été mariés en ce monde, nous nous marierons devant Dieu [2]. »

Depuis quelque temps déjà, Annaïk remarquait que sa fille deve- nait de plus en plus sombre : elle s'absentait fréquemment, et son père, en la suivant de loin, avait découvert qu'elle portait ses pas dans la forêt de Brocéliande. Ces taillis immenses, ces futaies séculaires paraissaient avoir pour elle un charme indéfinissable, malgré les prodiges effrayants qu'on y rencontre à chaque pas.

De tous côtés, dit-on, surgissent des enchantements. Ici, c'est un parterre de roses entremêlées de genêts d'Espagne ou de chèvrefeuilles rouges, et dominées par la fleur mystérieuse qui rit toujours, gardée par un lion dont la crinière se compose de vipères cornues. Là s'ouvre le vallon des plaisirs, jardin magnifique rempli de plantes rares qui chantent avec des voix aussi douces que les chérubins du paradis. Les fruits les plus divers viennent s'offrir d'eux-mêmes, et les fontaines versent en abondance du vin et des liqueurs ; de tous côtés se dressent des tables chargées de mets, autour desquelles dansent de belles jeunes filles.

Lorsqu'on s'y attend le moins, la terre s'entr'ouvre en laissant voir des gouffres sans fond, ou bien les arbres paraissent s'enflammer en ne formant plus qu'un immense brasier. Puis, c'est un ruisseau qui se change soudain en un torrent impétueux entraînant tout avec lui, tandis que d'énormes rochers, surplombant les sentiers, ont l'air de se détacher pour venir écraser sans rémission l'imprudent qui se hasarde dans ces contrées étranges. Sans doute les charmes de Merlin et de sa mie Viviane continuent d'opérer : d'ailleurs, le grand enchanteur n'est-il pas toujours là pour faire des merveilles, « endormi d'un sommeil magique au pied d'un buisson d'aubépines », comme dit la tradition populaire? Personne n'oserait passer la nuit dans la forêt, car chacun sait qu'elle est alors le rendez-vous des *follets*, des *lavandières de nuit*, des *korrigans* et des *kornikaneds*[1], génies peu endurants, qui n'aiment pas qu'on les dérange ou qu'on surprenne leurs secrets.

Un certain matin, Nicole partit de bonne heure, ayant à son bras le panier qui lui servait à porter son repas. A quelques personnes du pays qui la croisèrent, elle dit que son époux venait d'arriver et lui avait donné rendez-vous à la fontaine de Baranton, au milieu de Brocéliande. On n'y fit pas grande attention, car c'était toujours quelque bizarre idée se rattachant à son fiancé qu'elle émettait en pareille circonstance.

Vers la fin du jour, Annaïk, ne voyant pas revenir sa fille, commença à s'inquiéter. Pierre partit à sa recherche et ne rentra que tard, après l'avoir vainement appelée de tous les côtés : le seul renseignement qu'il eût recueilli, c'est qu'on avait vu Nicole se diriger vers les bois le matin même. Les Corhégat passèrent les longues heures de la nuit à attendre le retour de la pennérèz, qui ne parut pas. Dès l'aurore, ils réunirent leurs amis et quelques personnes de bonne volonté; le Recteur donna à tous sa bénédiction et l'on partit pour Brocéliande.

Après avoir franchi le val des Faux-Amants, où les chevaliers infidèles à leur dame demeurent prisonniers, on s'enfonça dans la forêt du côté de la source assignée comme rendez-vous à Nicole par son fiancé, à ce qu'elle prétendait. Les arbres formaient comme des voûtes de verdure qu'aucun souffle de vent ne venait agiter. A voir leurs troncs couverts de mousse, on pouvait se croire dans un palais de fées aux arcades veinées de noir et découpées à jour. Par places, de vieux hêtres tortueux ressemblaient à de gigantesques, serpents engourdis, et c'était à se demander si la vie n'était pas suspendue depuis longtemps dans cette contrée sauvage, et si la forêt entière ne sommeillait pas avec **Merlin**. L'aspect de ces sites était d'une tristesse indicible; la mort paraissait planer aux alentours.

Vainement cherchait-on des traces de la fugitive parmi les fougères et les mousses pâles qui recouvraient le chemin comme un merveilleux tapis travaillé par les génies des bois. Pourtant, en avançant toujours, on découvrit le panier de Nicole; chacun poursuivit la tâche entreprise avec plus d'ardeur encore. Annaïk précédait tout le monde. Soudain elle poussa un cri déchirant : en se penchant au-dessus de la fontaine de Baranton elle venait d'apercevoir au fond de l'eau le corps inanimé de son enfant qui avait l'air de dormir, et tenait encore dans ses doigts la médaille qu'Alain lui avait rendue avant de la quitter.

A cette vue, tout le monde fondit en larmes; c'était un spectacle à faire pleurer les arbres et les pierres elles-mêmes, si dures qu'elles fussent. Comment ce malheur était-il arrivé? il est probable que Nicole, en voulant s'amuser à lancer des cailloux comme le font les enfants pour faire frissonner l'eau, avait glissé et était tombée dans la source, d'où elle n'avait pu sortir.

Ce ne fut pas sans peine que le père Corhégat, aidé des autres hommes, parvint à retirer sa fille de la fontaine. On la déposa sur un brancard fait de branches d'arbres entrelacées, et le funèbre cortège reprit tristement le chemin de Saint-Gilles-des-Bois.

Chapitre xiii

CHAPITRE XIII

COMMENT SE FIRENT LES FUNÉRAILLES DE NICOLE
ET CE QUI ADVINT APRÈS SON ENTERREMENT.

À peine le corps de Nicole eut-il été déposé dans la maison de ses parents, qu'on alluma un grand feu dans la cheminée, en ayant soin de vider toutes les cruches d'eau et de lait, car l'âme de la morte aurait pu s'y noyer.

Annaïk elle-même, aidée de Tinah, ne voulut confier à personne le soin d'envelopper sa fille dans un grand drap blanc; puis, lui tournant la tête vers l'orient, elle lui joignit les mains sur la poitrine. A ses pieds on plaça un bénitier, tandis que deux cierges de cire jaune furent allumés de chaque côté de la couche mortuaire.

Pendant ce temps, Pierre était allé trouver le *sergent d'église* [1] afin

de l'envoyer porter « la nouvelle de mort ». Celui-ci partit aussitôt, vêtu d'une souquenille noire semée de larmes d'argent. Il agitait sa sonnette partout où il passait, en répétant à haute voix : « Priez, bonnes gens, pour l'âme qui a été Nicole Corhégat ; la veillée aura lieu ce soir à sept heures, à Saint-Gilles-des-Bois, sa paroisse, l'enterrement demain matin. »

De toutes parts, au coucher du soleil, on se rendit au lieu assigné. Chacun, en entrant, après avoir trempé un rameau dans l'eau bénite, secouait la rosée de Dieu sur les pieds de la morte. Dès que la chambre fut remplie, la cérémonie commença par la récitation en commun des prières du soir; on dit ensuite l'office des Trépassés, puis les femmes se mirent à chanter des cantiques. Quant à la pen-

nérèz, on la laissait toujours enveloppée, et sa mère seule venait de temps à autre soulever le drap qui la recouvrait et la baiser au front.

A minuit, tout le monde passa dans la pièce où était servi le repas des âmes. Comme au banquet des noces, le mendiant y prend place

17

aux côtés du riche : l'un et l'autre ne sont-ils pas égaux devant la
mort ?

De grand matin, le Recteur de Saint-Gilles étant arrivé, chacun
se retira, à l'exception de Pierre, de Loéïz et d'Annaïk. Le bedeau
mit la défunte en bière et cloua le cercueil, qui fut ensuite placé
sur un chariot, et l'on partit pour l'église. Le clergé, précédé de la
croix, marchait en tête du convoi, et derrière le char venaient les
parents suivis des assistants, les femmes en coiffes jaunes et manteaux
noirs, les hommes tête nue et les cheveux au vent.

Lorsqu'on fut arrivé, on posa la bière sur des tréteaux, tandis
que les cloches lançaient dans les airs leurs sons lugubres et plaintifs.
Pendant toute la cérémonie, le père et la mère Corhégat restèrent
agenouillés de chaque côté du corps, et ils ne se relevèrent que
pour aller au cimetière.

Jusque-là le silence n'avait été interrompu que par les sanglots des
malheureux parents. L'officiant avait pu dire, au milieu du recueil-
lement général, les nobles et touchantes prières avec lesquelles
l'Église accompagne ses enfants jusqu'à leur demeure suprême. Mais,
dès que le Recteur, debout sur le bord de la fosse, eut prononcé
les derniers mots de l'office des Morts, que l'on en fut arrivé à cet
instant affreux où l'on perd pour toujours ceux que l'on aimait, un
cri déchirant partit de tous les cœurs. Annaïk voulait qu'on l'enterrât
avec sa fille, et l'on eut grand'peine à la retenir. Les hommes, à
genoux, se voilaient la face avec leurs longs cheveux en signe de
deuil ; vieux et jeunes sanglotaient à fendre l'âme, et le prêtre
lui-même, quoique habitué à de pareilles douleurs, ne pouvait retenir
ses larmes [1].

Cependant, le cimetière se désemplit peu à peu ; les Corhégat furent ramenés chez eux par leurs amis, et chacun reprit ses travaux accoutumés.

A quelque temps de là, on entendit dans la nuit une voix plaintive mêlant des chants funèbres au bruit du vent et demandant des prières pour les trépassés. A ces appels lamentables, tout le monde se leva dans les chaumières et se mit à genoux en se signant pour dire en commun le *De profundis*. Nul ne sut jamais qui avait ainsi demandé l'obole d'un souvenir pour les pauvres âmes de ceux qui ne sont plus, et il fut également impossible de découvrir qui avait, durant cette même nuit, visité la demeure dernière de la fiancée d'Alain. La mère Corhégat, en allant le lendemain remplir d'eau bénite le creux de la pierre funèbre, trouva une branche d'if et une branche de genêt fleuri mises en croix sur la tombe comme un symbole, « car l'if exprime bien le deuil qui fait le fond de la vie et le genêt en fleur le peu de joie qui la traverse ».

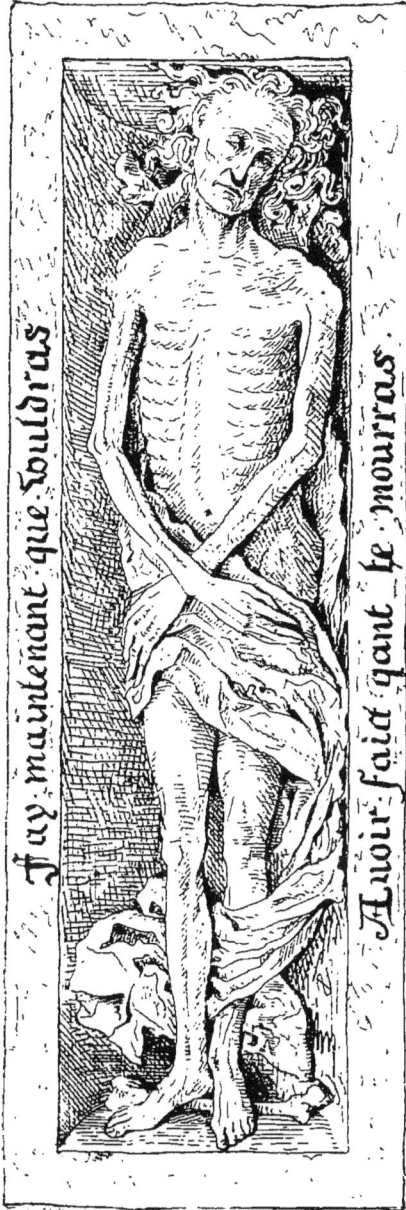

Chaque semaine, pendant trois mois, les amies de Nicole portèrent des guirlandes sur son tombeau. et une main inconnue grava sur la pierre :

« Tant que dureront les beaux jours et tant que je vivrai, je vien-

J'ay maintenant que touldras

Avoir fait qant le mourras

drai parfumer ta tombe des plus belles fleurs de l'été. La fleur qui ressemble à ce qu'était ton visage, la pâle primevère, ne te manquera pas ; ni la jacinthe, azurée comme l'étaient tes veines ; ni la feuille de l'églantier fleuri, moins embaumé que ne l'était ta suave haleine. »

CHAPITRE XIV

CI-APRÈS ON VERRA LA CANE ET SES CANETONS
VENIR AU LIEU ET PLACE DE NICOLE AC-
COMPLIR SON VŒU EN L'ÉGLISE SAINT-
NICOLAS DE MONTFORT.

———

I l y avait à peine quinze jours
que l'enterrement de Nicole
Corhégat avait eu lieu à Saint-
Gilles-des-Bois, lorsqu'on apprit la
nouvelle de la mort du comte Raoul de Montfort. L'*Ankou* [1]
l'avait frappé de son fouet de fer à Nantes, au milieu d'un festin.

Tandis qu'il entonnait un refrain bachique, on l'avait vu pâlir et porter les mains en avant comme pour repousser un spectre invisible ; puis, tournant subitement sur lui-même, il s'était affaissé sans même prononcer une parole : digne fin pour un tel homme ! Le peuple ne se gêna pas pour dire qu'il avait été puni comme il le méritait, et les parents de Nicole pensèrent que Dieu, dans sa justice suprême, n'avait pas voulu que le bourreau survécût à sa victime.

Personne n'a oublié que la fiancée d'Alain, en sortant du château de Montfort, avait chargé des canes sauvages qui s'ébattaient sur l'étang d'aller accomplir son vœu à saint Nicolas en son lieu et place, si elle venait à trépasser. Or, il advint qu'un an après ces événements, sur le soir du neuvième jour de mai, anniversaire de la translation des reliques du saint, la cane, suivie de ses canetons, marchant deux à deux comme à une procession, apparut tout à coup à l'extrémité de la rue qui, traversant le faubourg, mène à l'église Saint-Nicolas de Montfort. Il n'était pas douteux qu'elle ne sortît de l'étang, mais personne ne l'y avait vue, et elle s'avançait sans manifester la moindre crainte, se dirigeant droit vers le saint lieu où elle entra, pendant que les cloches sonnaient d'elles-mêmes à toutes volées. La foule ne tarda pas à accourir, et le sénéchal [1], qui était en train de traiter quelques amis, se leva de table si précipitam-

ment qu'il s'en vint n'ayant pour vêtement que ses chausses et son pourpoint.

Dès qu'elle eut franchi la porte de l'église, la cane prit son vol jusqu'aux ·lambris, passant et repassant devant le crucifix et allant

effleurer de ses ailes la statue du bon saint Nicolas. Le Recteur la prit ensuite dans ses mains, comme un oiseau privé, et ceux qui voulaient la toucher le pouvaient faire sans qu'elle en parût le moins du monde effrayée, non plus que du grand bruit qui se faisait autour d'elle. Elle demeura la nuit entière près de l'autel avec ses petits, et le lendemain matin, pendant la messe, chacun put remarquer qu'au moment de l'élévation tous se tournèrent dévotement vers le sacraire. Malgré la voracité bien connue de ces animaux, ils ne voulurent rien manger de ce qu'on leur présenta à différentes reprises.

Enfin, vers le midi, la cane rassembla ses canetons, en laissa un en offrande sur l'autel, et, marchant la première, regagna la porte de la même manière qu'elle était entrée la veille. Une fois dehors, elle s'envola sans qu'on ait jamais su où elle était allée. Quant à ses petits, on les suivit jusqu'à l'étang sur lequel ils s'élancèrent, et on les perdit de vue au milieu des herbes et des roseaux [1]. Que devint le caneton laissé en offrande? Nul ne peut le dire : un beau jour il disparut et on n'en trouva pas trace.

Le bruit d'un pareil prodige se répandit promptement dans le pays et bien plus loin encore, car il fut cité jusqu'en Italie [2]. Le peuple admira la bonté de Dieu qui permettait à la pauvre morte d'accomplir son vœu, même après son trépas, et il honora d'une manière toute spéciale le grand saint dont la protection s'était révélée d'une façon aussi merveilleuse.

L'année suivante, au commencement de mai, le nombre des curieux qui affluèrent à Montfort fut si considérable qu'on ne savait où se loger. Loéïz en perdait le peu de tête qu'il avait, et beaucoup de personnes durent coucher à la belle étoile, en se répétant le dicton du pauvre : « On se repose comme l'on peut, quand on a le toit du ciel pour abri. »

Le sénéchal ne manqua pas de prendre les précautions indiquées en pareille circonstance : dès le matin du 9, il posta des gens sûrs près de l'étang, avec ordre de bien observer où la cane ferait son apparition et de le prévenir immé-diatement si elle revenait. Bientôt, les abords de l'église Saint-Nicolas furent encombrés au delà de tout ce qu'on peut dire ; eût-on laissé tomber un diamant, il aurait été impossible de le ramasser.

Vers midi, rien n'avait encore paru ; aussi les sceptiques rail-laient-ils avec de fins sourires les esprits assez simples pour croire aux histoires miraculeuses. Décou-ragés par leurs moqueries, les moins intrépides ou les moins patients s'en furent dîner, laissant la place aux plus convaincus ; mais ils s'en repentirent cruellement, car ils n'étaient pas sitôt partis que la cane arriva avec ses cane-tons, comme l'année précédente, et certains incidents ne per-mirent plus de douter de la mission qu'accomplissaient ces oiseaux étonnants.

Plusieurs truands, qui ne voulaient pas croire au surnaturel, tentèrent subrepticement de tuer les volatiles, mais cela bien inu-

tilement, car aucun de leurs coups ne porta ; l'un d'eux se blessa même assez grièvement, ce qu'on regarda comme une juste punition de sa témérité.

Le sergent d'église prétendit qu'il n'y avait là rien d'extraordinaire ; il voulut donc chasser la cane du sanctuaire, lui demandant quelque signe extérieur pour confondre son incrédulité. Incontinent, il lui prit une si violente hémorrhagie qu'il en tomba en danger de mort ; il ne revint à la vie qu'en confessant hautement sa faute et en en demandant pardon à Dieu et à saint Nicolas.

Enfin, comme les animaux sortaient de l'église, des individus, curieux de savoir ce qui allait se passer, lancèrent sur eux un barbet méchant et furieux. Ce dernier fut saisi d'une telle peur qu'il se sauva à toutes jambes, sans que personne pût l'arrêter, pas même son maître [1].

Depuis lors, jusqu'au 9 mai 1739, la cane et ses canetons firent chaque année leur apparition en l'église du grand saint Nicolas de Montfort, le jour anniversaire de la translation de ses reliques. Il est à remarquer que jamais ces oiseaux miraculeux ne changèrent ni de couleur, ni de grosseur, preuve évidente que c'étaient toujours les mêmes que ceux auxquels Nicole s'était adressée ; et la ville ne s'appela plus désormais Montfort-de-Gaël, mais Montfort-la-Cane [2].

. . . .

. . . .

Mais voici que le douzième coup de minuit a sonné. Les enfants dorment doucement dans leurs lits clos ; le chien jaune ronfle devant le foyer ; la lueur mourante du feu tremblote le long de l'âtre. C'est l'heure où les vrais chrétiens vont se reposer ; heureux et satisfaits de ce que Dieu leur a donné, ils s'endorment au cher bruit de la respiration des petits enfants qui sommeillent. Bonnes gens, faisons comme eux ; récitons une prière à l'intention des âmes de ceux qui nous ont quittés pour aller nous attendre dans un monde meilleur, et puisse la bénédiction d'en haut reposer toujours sur nous et sur chacun des nôtres !

in · deo · spero

Cantique
touchant la Cane de
Montfort.

Lento
assai

Écoutez le fait memorable touchant la cane de Montfort, cette histoire est bien veritable et d'en douter on aurait tort.

MICHELET, SC.

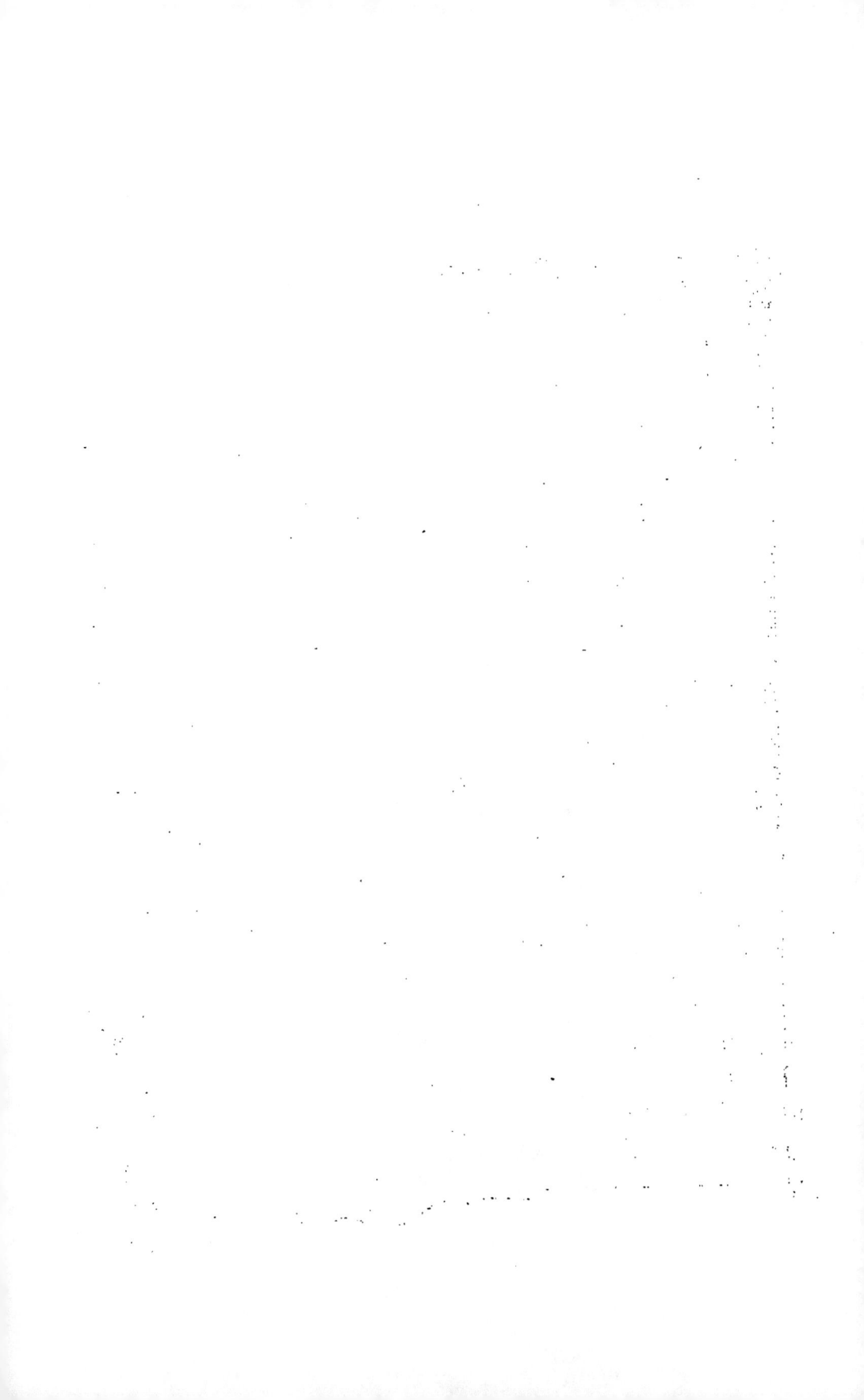

CANTIQUE

TOUCHANT LA CANE DE MONTFORT

PAR UN RELIGIEUX NATIF DE CETTE VILLE ET TÉMOIN OCULAIRE DE CETTE VÉRITÉ [1]

———————

Écoutez le fait mémorable
Touchant la cane de Montfort;
Cette histoire est bien véritable,
Et d'en douter on auroit tort.

Plusieurs personnes de mérite
Ont signé cette vérité,
A la fin de l'histoire écrite
Par un homme de probité [2].

Voici le fait et l'origine
D'un prodige si merveilleux ;
Il n'est pas d'une foy divine,
Mais digne d'un aveu pieux.

Une paysanne, jeune fille
D'une ravissante beauté,
Vint, d'un lieu qu'on nomme Saint-Gille,
En Montfort, ancienne cité.

Cette fille fut rencontrée
Par quelques soldats du château
De cette ville bien mûrée
Et presque toute ceinte d'eau.

Ils l'amenèrent à leur maître,
Qui la fit sous la clef serrer ;
Ce qui lui fit assez connaître
Qu'on vouloit la déshonorer.

Elle eut recours à la prière,
S'adressant à saint Nicolas
Qui, par sa bonté singulière,
Tira trois filles d'un tel pas.

Elle promit qu'en son église
Elle iroit lui rendre ses vœux
Chaque an, si, par son entremise,
Elle évitoit ce pas fâcheux.

Ce vœu fait, s'estant assoupie,
Par miracle surprenant,
Elle se vit libre et sortie,
Hors de ce péril évident.

En cane elle ne fut pas changée
(Comme on dit), ni comme un oiseau
Ne s'envola pas, dégagée,
Par la fenêtre du château.

Non, c'est une erreur du vulgaire,
Et vous n'y devez pas donner ;
Cette pensée est trop grossière ;
Tout bon sens la doit condamner.

Les soldats qui l'avoient livrée
L'attaquèrent pour l'insulter ;
Elle cria, toute éplorée,
Pour que quelqu'un la vinst aider.

Ne voyant que canes sauvages,
Elle dit que ces animaux
Rendroient pour elle témoignages
Et suppléeroient à son défaut.

Elle entend qu'ils viendroient pour elle
Rendre à saint Nicolas son vœu;
Voulant mourir chaste et fidelle,
Plutôt que d'offenser son Dieu.

Mettant en Dieu son espérance,
Par un coup encore merveilleux,
Elle échappa, sans nulle offense,
Des mains de ces gens vicieux.

Elle mourut la même année,
Et, depuis, on a souvent vu
Une cane non amenée,
Et qui vient d'un lieu non connu.

Elle vient faire son voyage
Vers la Saint-Nicolas d'esté;
Tout Montfort et le voisinage
L'ont vûë avecque privauté.

On l'a vûë aller à l'église
Avec ses petits canetons,
Qui marchoient deux à deux, à guise
D'une de nos processions.

Elle entra, sans être conduite,
Un soir, dans l'église du saint;
Elle y fut avecque sa suite
Jusqu'au midy du lendemain.

Ces animaux, de leur nature
Assez voraces, tout ce temps
Ne prirent point de nourriture,
Bien qu'on leur en mist largement.

Tout le matin, on dit la messe
A l'autel où la cane estoit,
Sans s'effarer, ni de la presse,
Ni du bruit que l'on y faisoit.

Plusieurs personnes remarquèrent
Que la cane et ses canetons
Devers l'autel se détournèrent,
Pendant les Élévations.

On la vit, d'un vol transportée,
Aux pieds de l'image du saint;
L'ayant de ses ailes flattée,
A ses petits elle revint.

Elle en laisse un, pour l'ordinaire,
Pour offrande, quand elle vient;
Quelque examen qu'on puisse faire,
On ne sçait pas ce qu'il devient.

Vers midy s'en estant allée,
Les petits la suivant de rang,
On la vit prendre sa volée;
Eux s'en allèrent vers l'étang.

Ceci se passa dans l'année
Mille six cens quarante-neuf,
Selon l'histoire qu'a donnée
Le révérend père Barleuf.

Dans les années précédentes,
On l'a vûë, et par plusieurs fois,
Aussi bien que dans les suivantes;
Les procez-verbaux en font foi.

Plusieurs des témoins oculaires
Ont signé les procez-verbaux
Des choses extraordinaires
Qu'on a vû dans ces animaux.

Les noms des gens ecclésiastiques,
Religieux, prêtres, prélats,
S'y voyent et de plusieurs Laïques
De tous rangs et de tous états.

Vous pouvez, après cela, croire,
Et sans crainte de vous tromper,
La vérité de cette histoire,
Dont je viens de vous occuper.

CANTIQUE

TOUCHANT LA CANE DE MONTFORT [1]

Pesez, mais sans prévention,
Les circonstances remarquables
Touchant la cane en question,
Vous les trouverez admirables ;
Je vous en marque six ou sept
Qui vous feront juger du fait.

Plusieurs eux-mêmes se sont unis.
Voulant à cette cane nuire ;
Ils ont esté de Dieu punis,
Lorsqu'ils tâchoient à la détruire :
Les uns ont esté renversez,
Les autres ont esté blessez.

Trois chasseurs en furent témoins,
Tous trois de fort près la tirèrent,
Inutilement néanmoins,
Puisque leurs coups ne la blessèrent ;
Mais le troisième se blessa,
Et son arme le renversa.

D'autres ont voulu vainement
Éprouver leurs armes sur elle,
Sans l'offenser aucunement,
Dieu l'ayant prise en sa tutelle ;
Ils ont tous expérimenté
Que Dieu ne doit être tenté.

Un autre exemple plus récent,
C'est qu'un certain homme d'église,
Qui doutoit de ce cas présent,
Jeta, par plus d'une reprise,
Des pierres à cet animal,
Luy demandant quelque signal.

Pour avoir ainsi tenté Dieu,
Il luy prit une hémorragie
Si véhémente au même lieu,
Qu'il en pensa perdre la vie :
Mais, reconnoissant son péché,
Son sang fut enfin étanché.

Un barbet assez furieux,
Poussé sur la cane susdite
Par certains hommes curieux
De voir quelle en seroit la suite,
Fut saisi d'une telle peur,
Qu'il s'en revint avec ardeur.

Il s'enfuit tout épouvanté ;
Quelque chose que fist son maistre,
Il ne put pas estre arresté :
Ce qui fit à tous reconnoistre
Que, pour sûr, cette cane estoit
Plus admirable qu'on ne croit.

La cane a paru tous les temps,
Et ses petits, en même forme,
Jamais plus petits ni plus grands :
Ce qui fait que je me conforme
A la croyance que l'on a
Que c'est la même qui vient là.

On ne sçait ce qu'elle devient,
Ni ses petits toute l'année,
Ni l'aliment qui les soutient.
La chose bien examinée,
On ne s'est jamais aperçu
Qu'ils ayent mangé, ni qu'ils ayent bù.

On en a pris pour les nourrir ;
On leur mettoit de la pâture
En lieu qu'on ne pouvoit ouvrir,
Estant bien fermé de serrure ;
Cependant on ne trouvoit plus
Ceux qu'on avoit ainsi reclus.

Un jour, on en trouva de morts
Que l'on jeta dans un lieu sombre ;
Cependant l'on revit alors
La cane avec le même nombre
De canetons qu'auparavant :
Ce qui sans doute est surprenant.

Il est vrai qu'il faut confesser
Que tout cela tient du miracle :
Mais nous devons aussi penser
Que Dieu, par ce nouveau spectacle,
Veut nous faire une instruction,
Qui mérite réflexion.

Il veut, par cette nouveauté,
Nous faire voir la complaisance
Qu'il a pour la virginité
Et pour l'exacte diligence
A remplir les vœux qu'on a faits
Pour reconnoistre ses bienfaits.

Il veut nous montrer que l'on doit
Du respect aux saintes images,
Par ce bel exemple qu'on voit
Dans ces animaux si sauvages,
Et qu'il est bon d'avoir recours
Aux saints pour avoir du secours [1].

LA MOTTE-AUX-MARIÉES

Le seigneur de Tréguil, à cause de ses fiefs d'Allansac et de la Bouyère, doit « à l'issue des vespres de la feste de saint Jean-Baptiste, par chacun an, à la passée et entrée du cimetière de Saint-Jean de Montfort, un chapeau de fleurs de cherfeil sauvage, sous peine de saisie, dont les officiers du seigneur de Montfort luy doibvent décharge ; et de là est par lesdits officiers porté (ledit chapeau) sur la Motte-aux-Mariées, près de la contrescarpe des fossez du Pas-d'Asne de ladite ville de Montfort, pour en manière accoustumée y estre donné par le procureur fiscal dudit seigneur aux mains de chaque mariée des trois paroisses de la ville et forsbourgs de Montfort d'an en an ; et doibvent (lesdites mariées), à l'endroit de l'évocation d'icelles, après s'être saisies dudit chapeau de fleurs, danser et *chanter leur chanson*, et doibvent baiser ledit seigneur ou son procureur, à peine de 60 sols d'amende qui est sur le champ ordonnée par ses juges et officiers. Et ledit seigneur est obligé de leur fournir un feu d'un cent de fagots ou bourrées qui se consomment pendant que lesdites mariées *chantent et dansent ;* et est à la fin relaissé ledit chapeau à la dernière mariée ou à celle que juge à propos ledit seigneur ou son procureur. »

(*Pouillé historique de l'Archevêché de Rennes*, par M. l'abbé Guillotin de Corson. Ouvrage cité dans les *Chansons populaires* recueillies dans le département d'Ille-et-Vilaine par Lucien Decombe. — Introduction, p. xviii et xix. — Rennes, 1884. H^{lbe} Caillière, libraire-éditeur.)

LA FORÊT DE BROCÉLIANDE

La forêt de *Brocéliande* (*Brochéliande* ou *Brécilien*) couvrait tout le Pon-
trecoët. Elle s'étendait au delà de Rostrenen, jusque dans la paroisse de
Paul. Nous lisons en effet dans la déclaration de la seigneurie de Paul, en
date de 1682 : « Le chasteau de Brécilien, à présent sous bois de haulte
fustaie, l'emplacement duquel est entouré de fossés en son cerne... » En
somme, cette vaste région boisée occupait, au centre de la péninsule armo-
ricaine, un espace d'une trentaine de lieues de long, sur douze ou quinze de
large.

L'une des merveilles de Brocéliande était sa fontaine magique. « Quand
un chevalier assez imprudent ou assez confiant en son courage versait de
l'eau sur son perron d'émeraude, il naissait des prodiges que la voix humaine a peur de raconter. Un affreux orage s'élevait : la pluie, la grêle, le
tonnerre succédaient tout à coup au calme le plus profond ; puis, le ciel
reprenant toute sa sérénité, des oiseaux, au chant doux et mélodieux,
couvraient les branches d'un arbre magique qui ombrageait la fontaine.
Mais bientôt un chevalier aux armes brillantes, à la taille gigantesque,
caracolant sur son grand cheval de bataille, défiait l'imprudent qui avait
troublé son repos, et, du premier coup de lance jetant son adversaire sur
l'arène, s'éloignait tranquillement en emmenant avec lui le coursier du
vaincu... [1] »

Un petit manuscrit daté du 30 août 1467 et écrit au château de Comper,
par ordre du comte de Laval, « *pour obvie à plusieurs abus et dommages* »,
renferme des renseignements curieux sur les « *usements* » de la célèbre
forêt de Brécilien (la Brocéliande du moyen âge). Voici le passage le plus
intéressant du livre en question :

DE LA DÉCORATION DE LADICTE FOREST (DE BRÉÇILIEN) ET DES MERVOILLES
ESTANS EN YCELLE.

« La dicte forest est de grant et spacieuse estandue, appelée mère forest,
« contenant sept lieulx de long et de lex deux et plus, habitée d'abbayes,
« prieurez de religieulx et dames en grant numbre, ainsi qu'est décléré cy
« davant au chappitre des usagiers, touz fondez de la seigneurie de Mont-
« fort et de Lohéac qui leur ont donné les droiz et privilègez dont davant est
« fait mencion.

« Item, en la dicte forest y a quatre chasteaulx et mesons fortes, grant
« nombre de beaulx estangs, et des plus belles chassez que on pourroit
« aultre part trouvez.

« Item, en la dicte forest y a deux cens brieux de boays chacun portant
« son nom différent de l'autre, et, ainsi que on dit autant de fontaynes, cha-
« cune portant son nom.

« Item, entre aultres des brieux de la dicte forest y a ung breil nommé
« *le breil au seigneur* » ou quel james n'abite ne ne peult habiter aucune
« beste venimeuse ne portante venin ne nulles mouches : et quant on
« y aporteroit ou dit breil aucune beste venymeuse, tantost est morte,
« et n'y peult avoir vie, et quand les bestes pasturantes en la dicte
« forest sont couvertes de mouches, et en mouchant elle peust recouvrez
« le dit breil, soudaynement les dictes mouches se départent et vont hors
« d'icelui breil.

« Item, auprès du dit breil y a ung aultre breil nommé *le breil de Bellenton*
« (Barenton) et auprès d'iceluy y a une fontayne nommée la fontaine de
« Bellenton, auprès de laquelle fontayne le bon chevalier Pontus fist ses
« armes, ains que on peult voir par le livre que de ce fut composé.

« Item, joignant la dicte fontayne y a une grosse pierre que on nomme
« *le perron de Bellenton*, et toutes les foiz que le seigneur de Montfort
« vient à la dicte fontayne et de l'eau d'icelle arouse et moulle le dit perron,
« quelque challeur temps assuré de pluye, quelque part que soit le vent
« et que chacun pourroit dire que le temps ne seroit aucunement disposé

« à pluye, tantost et en peu d'espace aucunes foiz plus tost que ledit
« seigneur ne aura peu recouporez son chasteau de Comper, aultres foiz
« plus tart, et que que soit ains que soit la fin d'icelui jour, pleut ou pays
« si habundamment que la terre et les bieus estans en ycelle en sont
« arousez et moult leur prouffite... [1] »

LA CANE DE MONTFORT

« Ce qui rendait Saint-Nicolas (de Montfort) célèbre au moyen âge, c'était la cane merveilleuse y venant chaque année. Qu'on explique comme l'on voudra cette apparition d'une cane sortant de l'étang de Montfort et entrant dans l'église de Saint-Nicolas le jour de la fête patronale, puis disparaissant pour ne revenir que l'année suivante, le fait en lui-même paraît certain ; il est attesté par les protestants Louveau et d'Andelot, par le grave jurisconsulte d'Argentré, et par une foule d'autres personnages importants ; il est relaté, non seulement à Montfort, dans de nombreux procès-verbaux des xvᵉ et xviᵉ siècles, et dans les comptes des trésoriers de cette époque, mais encore dans les ouvrages de savants étrangers, tels que le doge Fulgose en 1480, et le président Chassenée en 1524... Toutefois, ces apparitions devinrent plus rares au xviiᵉ siècle ; l'historien Hay du Châtelet en fut encore témoin en 1666, et le P. Barlœuf composa à leur sujet un intéressant ouvrage ; mais après 1739 elles cessèrent complètement... »

(*Pouillé historique de l'Archevêché de Rennes*, par M. l'abbé Guillotin de Corson, t. IV, p. 279.)

Rennes.

Dinan.

Moncontour.

Ploermel

Montfort-la-canne

Conper

Carte de Montfort-la-Lau

NOTES ET RENVOIS

PAGE 4. — [1] L'*ange qui porte une queue :* le diable. — Les *lavandières de nuit :* lavandières fantômes qui lavent les linceuls la nuit. — [2] *Teuz :* nains. — *Pennérèz :* jeune fille. — [3] Proverbe breton.

8. — [1] Manière d'exprimer qu'on s'est enrichi peu honorablement, le diable ayant la réputation d'acheter fort cher une poule noire, lorsqu'on la place dans un carrefour et qu'on fait ensuite certaines évocations. — [2] *Korrigan :* fée bretonne. Dans le pays de Plouha, les *korrigans* ou *korrandons* passent pour avoir des pattes de chèvre et des sabots de fer : elles dansent la nuit, au clair de lune, dans les grottes du bord de la mer, et se roulent dans les vagues : le bruit que font les galets, remués par la lame, est produit, dit-on, par les sabots de fer des *korrandons* courant le long du rivage. — [3] *Recteur :* on appelle ainsi les curés en Bretagne.

9. — [1] Le grand nombre de jupes superposées est la marque d'une élégance recherchée.

11. — [1] *Méchante cheville :* méchante fille, mauvaise langue. — [2] *Baptisé avec de l'huile de lièvre :* imbécile.

18. — [1] Chants populaires de la Bretagne par le Vte H. de la Villemarqué : *Ann Hollaïka* (l'appel des pâtres), p. 442. — [2] *Ma Doué !* en breton : Mon Dieu !

21. — [1] *Gwerz — Sône :* chanson bretonne.

22. — [1] Chants populaires de la Bretagne (ouv. cit.), *Le mal du pays,* p. 460 et 461. — [2] *Rose de vipère :* les Bretons appellent ainsi le coquelicot.

22

Page 35. — [1] Consulter, au sujet du siège de Josselin : Bertrand d'Argentre (xvie siècle), livre IX, p. 473.

— 40. — [1] Les *Bazvalenns* sont généralement des tailleurs qui font l'office de messagers d'amour et vont, de la part des jeunes gens, demander les filles en mariage. — [2] *Goa !* Exclamation douloureuse intraduisible.

— 43. — [1] Les matériaux du château de Montfort furent dispersés et vendus, en 1627, par Henri de la Trémoïlle.

— 44. — [1] Cette église n'existe plus depuis 1798. — [2] Il ne reste actuellement de l'abbaye de Saint-Jacques de Montfort que la façade occidentale dont le portail et la fenêtre qui le surmonte accusent le xive siècle. Ces restes sont dans le couvent actuel des Ursulines. L'ancien hôpital est devenu une ferme; dans la chapelle qui existe encore se trouvent un autel du xiiie siècle et une pierre tombale d'une femme de la famille *le Testu*.

— 45. — [1] Consulter l'*Itinéraire de Rennes à Brest et Saint-Malo*, par M. Pol de Courcy. La Motte-aux-Mariées fut nivelée pour faire place à une église.

— 52. — [1] *Spern-Gwenn* — en breton : l'épine blanche. — [2] L'*estafier de saint Martin* : un des noms du diable.

— 54. — [1] *Ayol !* interjection bretonne intraduisible.

— 67. — [1] Chants populaires de la Bretagne (ouv. cit.). *Le Vassal de Du Guesclin*, p. 220.

— 72. — [1] Légende et croyance populaire en Bretagne.

— 81. — [1] L'*ange cornu* : surnom du diable.

— 90. — [1] *Placitre* : lieu gazonné et planté de vieux arbres qui entoure les chapelles de pèlerinage en Bretagne. — [2] *Penn-baz* — mot à mot : *bâton à tête* — bâton que les Bretons portent à la main en guise de canne.

— 92. — [1] *Tuffeau bleu* : sorte de roche stéatiteuse particulière à la Bretagne.

— 93. — [1] On appelle *sonneurs*, en Bretagne, les joueurs de biniou et de bombarde. Le *Biniou* se compose d'un sac de cuir, d'un porte vent, d'un faux bourdon et d'un chalumeau qui sert à moduler les sons. La *Bombarde* est une sorte de hautbois.

Page 94. — [1] Ces dagues s'appelaient : *Miséricorde*.

— 95. — [1] Chants populaires de la Bretagne (ouv. cit.). *Le pauvre Clerc*, p. 463. — [2] *Klaskervara* — mot à mot : chercheur de pain — nom que les Bretons donnent aux mendiants.

— 101. — [1] *Le doigt du cœur :* c'est le quatrième doigt où se place la bague d'alliance.

— 102. — [1] Le *vieux Guillaume* : un des nombreux surnoms du diable.

— 111. — [1] L'*oiseau de la mort* : sans doute l'orfraie.

— 119. — [1] Clerc (*Kloareck* en breton), jeune homme qui travaille pour entrer dans les ordres. — [2] Chants populaires de la Bretagne (Ouv. cit). *Le marquis de Guérand*, p. 314.

— 120. — [1] *Korrigans* (de *Korr*, petit, et *gwen* ou *gan*, génie). — Ce sont des fées bretonnes aux beaux cheveux blonds, aux formes admirables, qu'on rencontre la nuit, vêtues d'un voile blanc roulé en écharpe autour de leur corps : le jour elles sont affreuses, avec leurs cheveux blancs, leurs yeux rouges et leur visage ridé. Elles prédisent l'avenir, guérissent les maladies et prennent à volonté la forme qui leur plaît. — Les *Kornikaneds* (de *korn*, corne, et *kana*, chanter) sont des nains qui ont la même puissance que les Korrigans. Ils sont noirs, velus, trapus, hideux, ont des griffes de chat à leurs mains et des cornes de bouc à leurs pieds. Ils dansent autour des *dolmens* au clair des étoiles et entraînent dans leurs rondes les voyageurs qu'ils peuvent saisir. Ils sont forgerons, faux monnayeurs, sorciers et magiciens.

— 128. — [1] *Sergent d'église :* nom donné au bedeau en Bretagne.

— 130. — [1] Consulter : Chants populaires de la Bretagne (ouv. cit.), p. 171. Note du *Frère de Lait :* les enterrements en Bretagne.

— 137. — [1] L'*Ankou* (mot à mot : *angoisse*), nom donné fréquemment en Bretagne au fantôme de la Mort.

— 138. — [1] Le *sénéchal* était chargé de la police dans les villes seigneuriales.

— 140. — [1] L'étang en question a été desséché en 1761. Il est aujourd'hui transformé en de belles prairies. — [2] Nous trouvons mentionnée l'apparition de la cane de Montfort dans : Baptiste Fulgose, doge de Gênes en 1480 : *De dictis factisque mirabilibus*. — Chassenée, président au parlement d'Aix (1324) : *Catalogus gloriæ mundi;* — B. d'Argentré : *Hist. de Bretagne* (édit. de 1582); — Louveau, ministre protestant : *Relation dédiée à Mme d'Andelot* (1558); — Hay du Chastelet, avoc. génér. au parlement de Bretagne, académicien : *Hist. de Du Guesclin,* liv. VI (1618); — Le P. Barlœuf, prieur de Saint-Jacques de Montfort (1640-1649).

Page 142. — [1] Consulter les cantiques du père Candide de Saint-Pierre, et la chronique de B. d'Argentré. — Voir également l'*Itinéraire de Rennes à Brest et Saint-Malo,* par M. Pol de Courcy. Les vitraux de l'ancienne église de Saint-Nicolas de Montfort reproduisaient les diverses scènes de l'apparition des canes; l'on pouvait voir également ces animaux miraculeux sculptés au pied de la statue du saint et brodés sur sa bannière. — [2] En l'an III de la République française, la ville de Montfort-la-Cane devint Montfort-la-Montagne. Plus tard elle s'appela Montfort-sur-Meu, nom qu'elle porte encore aujourd'hui. Les procès-verbaux relatifs à la venue de la cane, dûment signés et paraphés, font partie des archives de la ville. Le dernier procès-verbal est daté du 9 mai 1739. — Chateaubriand, dans ses *Mémoires d'Outre-Tombe,* parle de la *légende de la cane de Montfort.*

— 149. — [1] Premier cantique du père Candide de Saint-Pierre. — [2] Le père Barlœuf, prieur de l'abbaye de Montfort, auteur de l'*Histoire de la cane de Montfort.*

— 154. — [1] Deuxième cantique du père Candide de Saint-Pierre.

— 157. — [1] Ces deux cantiques sont extraits des *Chansons populaires recueillies dans le département d'Ille-et-Vilaine,* par Lucien Decombe, (Rennes, 1884, H^the Caillière, éditeur), pages 369-379.

— 161. — [1] *Introduction au livre des Légendes,* par le Roux de Lincy, p. 97. — Consulter à ce sujet : *le Chevalier au lion* Ms. du Roi, n° 73. Cangé. (fol. 81. Recto, col. 1. v. 16) ainsi que le *tournoiement ante Crist,* par Huon de Mery, Ms. du Roi, n° 541. S. F. (fol. 72, col. 2,. v. 5).

— 163. — [1] Manuscrit format in-4° sur parchemin, daté du 30 août 1467, relaté dans le Cartulaire de l'abbaye de Redon en Bretagne, publié par M. Aurélien de Courson. Prolégomènes, p. ccii et Éclaircissements, p. ccclxxxvi — (Paris, Imprimerie impériale, 1863).

TABLE GÉNÉRALE DES GRAVURES

[Nota. — Second titre intérieur. — Armoiries. — A gauche : *de Plœuc.* — *Goyon*
de Matignon. — *Du Merdy : écartelé d'argent et de gueules, à trois fleurs*
de lys de l'un dans l'autre.

A droite : *de Bréhand : de gueules au léopard d'argent.* — *Du Parc*
Lœmaria : d'argent à trois jumelles de gueules.]

TABLE DES MATIÈRES

CHAPITRE XIII

CHAPITRE XIV

APPENDICE

ERRATA

On a indiqué par erreur les armes de la ville et des comtes de Montfort comme étant : *de gueules à la croix gringolée d'or.*

Elles sont : *d'argent, à la croix de gueules gringolée d'or.*

A la table des gravures, il faut lire au nº 57 (page 175) la description du nº 63 (page 176), et *vice versâ.*

Page 178. — Dernière ligne : *Lœmaria,* lisez : *Locmaria.*

Imprimerie
CRÉTÉ
CORBEIL

Nunquam Quies

Imprimerie

CRÉTÉ

CORBEIL

Numquam Quies

www.ingramcontent.com/pod-product-compliance
Lightning Source LLC
Chambersburg PA
CBHW070407090426
42733CB00009B/1575